大学の人気講義でよく分かる「ミクロ経済学」超入門

早稻田大學最有趣的經濟學聊天課

從手機、拉麵、咖啡、保險、群眾募資
到拯救犀牛，聊完就懂了！

U0007287

Hisatoshi Tanaka

早稻田大學
政治經濟學院副教授

田中久稔 著

作者的話

用最有趣的案例和故事，看懂經濟學！

本書是為經濟學初學者所寫的輕鬆版教科書，預設讀者是已有一段時間沒有鑽研學問的社會人士，以及高中、大學的同學們。

這本書是根據我在早稻田大學為一年級同學開設的必修課《個體經濟學入門》所寫成的。在這門課程當中，我教授的是正統的個體經濟學理論，所以會運用很多算式、圖表，扎實地說明理論。不過，光談理論和算式，同學們會感到非常痛苦，更重要的，是我這位負責講課的老師也會覺得很無趣。所以我在課程當中，盡可能多加入一些「具體案例和譬喻故事」。而本書的內容，主要就是擷取這些「具體案例和譬喻故事」而成。

如果你只讀這本書，恐怕無法通過大學的定期考試或公職考試。但這本書能讓您了解大學裡「個體經濟學」的教學內容，也能從中明白這門學問究竟要解決什麼問題。期盼在讀完本書之後，你會覺得「個體經濟學好像是一門滿有意思的學問」！

閱讀本書不需要任何基礎經濟學知識。儘管書中會出現少許數字運算，但多半是加、減法，以及一點乘法而已。部分段落會使用大量圖表，如果您覺得讀起來很麻煩，先跳過也無妨。我已經妥善安排本書的寫作結構，所以即使你只挑揀自己感興趣的部分來閱讀，內容仍是連貫的。

那麼接下來，就請你輕鬆地享受閱讀本書的樂趣！

田中久稔

目錄

奶粉

第1章 經濟學是什麼？

布丁分配難題：最經典的經濟學問題

「我在大學教經濟學。」

每當這樣自我介紹之後，我總會被問：

「你知道要買哪一檔股票才會賺錢嗎？」

而我的回答也總是千篇一律：

「要是我知道該買哪一檔的話，我會自己偷偷買，不會告訴你。」

於是彼此之間的氣氛變得很尷尬，問了這個問題的人也只能苦笑——同樣的劇情，已經不知道上演多少次。

趁著這個好機會，我想在此鄭重宣布：經濟學所思考的，並不是「買哪一檔股票會賺錢？」、「下一個暢銷商品是什麼？」、「該採取什麼策略，來幫助公司發展成大企業？」之類的問題。這些看起來似乎可以變現的話題，大部分是由商學院來探討的；經濟學（尤其是個體經濟學）在思考的問題，不只是如何賺大錢，而是與你我生活息息相關的事，像是以下例題：

例題1　五年一班的小隆感冒請假，所以營養午餐的布丁多出一顆，班上同學都很想要。請問這顆布丁應該給誰，才是最好的安排？

這是經濟學所探討的問題當中，最經典的例子。如何？這看起來和炒股票賺錢一點關係都沒有吧？

言歸正傳。這個問題，各位會怎麼回答呢？你會用什麼辦法，來把這唯一的一顆布丁分給班上的同學？

趁著各位整理答案的空檔，我來教幾個經濟學上的重要術語。像**例題1**裡的布丁這種「很多人想要，但數量有限」的情況，經濟學稱之為**稀少性**（scarcity）。

這裡要請各位特別留意一件事：光是罕見，還稱不上是具有稀少性。不僅罕見，還必須「有人想要」，但數量不足以分配給所有人的物品，才具有稀少性。

我再強調一次，具稀少性的物品，其數量並不足以提供給所有想要的人。因此，只要物品具稀少性，必定會伴隨「該給誰才好？」的問題，就是我們稱之為**稀少性資源的分配問題**。

換言之，**例題1**就是一個經典的分配問題——我們該把具稀少性的布丁分給誰？又該如何分配？

重點1 **個體經濟學這門學問，是在思考稀少性資源的分配問題。**

圖1-1 具稀少性的物品（如：演唱會門票、限量拉麵），無法提供給所有人

一門「分配稀少性資源」的學問

只要和大學新鮮人談起這個話題，同學們總會露出略顯失望的表情——因為大家想知道的，還是「買哪一檔股票會賺錢？」、「最新暢銷商品的研發策略」。至於稀少性資源的分配，聽起來似乎是個無關緊要的問題。

但是，請各位靜下心來想一想：自古以來，人類經歷的諸多悲情和苦難，究竟是為什麼會發生呢？母親手抱飢餓的孩子，哀傷悲嘆；失業者一職難求，滿心絕望；平民的財富被貴族巧取豪奪，悲慘淒涼；有人只因為膚色不同就被限縮權利，憤怒難平。這難道不是因為有形或無形的稀少性資源分配不當，所造成的不幸嗎？當糧食、工作、土地、資源等人人都需要的事物，數量不足以提供給每個人的時候，我們依暴力、家庭背景或膚色，來分配這些有限的事物，做法是否允當？還是該讓社會中的每一個人都有機會獲得資源？有沒有更公平、更合理的分配方法？

「個體經濟學」就是在思考這些方法的學問。個體經濟學家認為，社會上許多苦難都是因為稀少性資源的分配問題而起，所以要尋求更理想的方法，來解決這些問題。哪有閒工夫去管什麼買股票的事？

建立「市場機制」：經濟學家這樣解決問題

言歸正傳。各位已經整理好**例題1**的答案了嗎？這個問題，我問過很多人。絕大多數人都會回答：

「大家猜拳，贏的人拿。」

用猜拳來決定誰能吃到多出來的布丁——這樣的甜點爭奪戰，的確是在日本許多小學都會上演的日常即景。「老師，你想到的方法也是猜拳吧？」不不不，這個方法太粗糙了。

請各位想一想：在人類的歷史上，這些具稀少性的事物，向來都是由當權者負責分配。當權者有時是貴族，有時是僧侶，也有可能是武士。而他們只不過是偶然出生在當權者家，就能隨心所欲地獨占稀少資源。不靠努力、不看才華，只靠偶然的運氣，不是嗎？偶然出了「石頭」或「剪刀」的人，就可以獨占整個布丁？那不就和偶然生在貴族之家的紈褲子弟，出入都有四匹馬拉的馬車代步一樣嗎？

既然猜拳不行，那該怎麼辦才好？大家可能因為看出題者是經濟學老師，所以才想到這個方案：

「那就讓大家來競價拍賣，價高者得。」

這是回答人數第二多的答案，但也是個粗糙的辦法——因為要是讓學生競價拍賣，那麼剛好生在富裕家庭裡的紈袴子弟，一定會得意揚揚地說：

「我出得起三千日圓！」

接著就把布丁拿走，津津有味地吃起來了吧？換言之，這個方案在本質上，其實和猜拳大同小異……不對，猜拳或許還好一點，至少是人人有機會。

因此，小弟我有個建議：既不想靠運氣，又不想讓任何人獨占布丁的話，我們可以用以下方法來分配。

圖1-2 用猜拳來決定稀少性資源的分配問題，是很粗糙的辦法

❶先舉辦一場競價拍賣，出價最高者可獲得布丁。

❷接著，讓其他沒得標的同學（包括小隆在內）均分拍賣所得。

如何？這個分配方法很完美吧？

也就是說，假設班上有三十位同學，而有錢人家的紈袴子弟花三千日圓得標，搶到了布丁，那就由包括小隆在內的二十九人均分這三千圓（還記得誰是小隆嗎？就是那位感冒請假的同學）。如此一來，最後不會只有得標者享福，其他沒得標的同學也能雨露均霑，每位同學多少都能獲得一點滿足——這就是個體經濟學的思維。

這裡，我要再補充一個經濟學術語。為

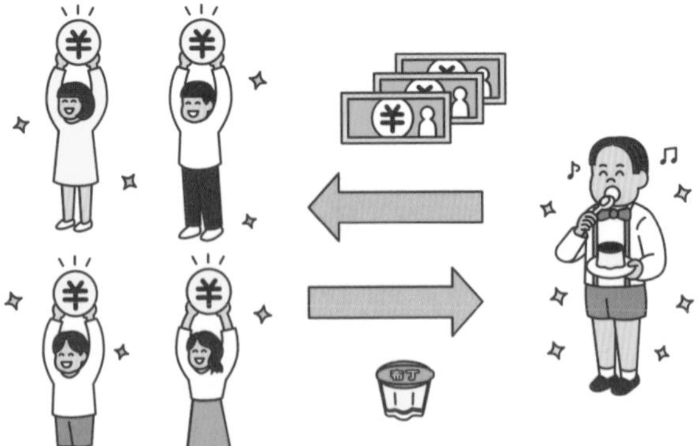

圖1-3　透過「市場機制」來解決稀少性資源的分配問題

具稀少性的事物訂定價格，再透過金錢來交易的這個機制，就是所謂的**市場**。在個體經濟學當中，我們往往將稀少性資源的分配問題交給市場解決。但如果只靠市場來解決問題，這樣會對那些偶然生在富貴家庭的人特別有利。因此，政府會介入市場，重點式地將市場上繳的部分收入，分配給一些處境艱困的家庭——這就是**所得重分配政策**。就**例題1**而言，擔任拍賣官並將拍賣所得分配給班上同學的，應該是級任老師。此時，級任老師就是在扮演「政府」的角色。後來，這件事被當天傍晚的新聞報導出來，導致級任老師在社群平台上的帳號被猛烈炮轟。

總結來說，個體經濟學在處理社會上稀少性資源的分配糾紛時，會試著用以下最典型的兩階段方案，來解決問題：

❶開設交易稀少性資源的市場，透過金錢交易決定稀少性資源的去向。
❷如有必要，政府應適度干預，讓市場健全地發揮它該有的功能。

重點2 **個體經濟學會透過市場來解決稀少性資源的分配問題。**

愛情，可以花錢買嗎？

儘管如此，個體經濟學的學者並不認為「世上所有問題都能透過市場來解決！」不對，說不定還真的有一些人會認為「任何事都能透過市場來解決」，但我想他們只是少數派。

「用市場機制解決問題」這個方法，絕不是萬靈丹。倘若市場上所有稀少性資源的分配問題都能透過市場機制來解決，恐怕早就沒有必要研究「個體經濟學」之類的學問了吧。我們其實可以這樣說：正因為「市場」不會永遠都是最好的方法，所以個體經濟學才有它存在的意義。

比方說「愛」這件事。

假設某甲是個很天真無邪的大學男生，他對同社團的乙同學很有好感。乙同學個性開朗，很受身邊的男同學歡迎。一場爭奪「乙同學男朋友寶座」這項稀少性資源的大戰，眼看就要開打。如果上過個體經濟學課程的甲，跑去向乙同學提議：

「只要你和我約會，每一小時我願意付五千日圓。」

結果會怎麼樣呢？

下場恐怕不會太好。乙同學會先賞給甲兩個巴掌再拒絕他，從此不再跟他說話吧？與其如此，甲同學還不如正常地說：「請和我約會」，應該會得到比較圓滿的結果。

例題2 甲同學運用市場機制來邀約乙同學約會，為什麼會失敗？

是因為五千日圓價碼太低嗎？不，這可不是金額的問題，「開出價碼」這件事才是問題所在——因為某些種類的稀少性資源，由於其本質的關係，根本無法訂定價格來買賣。

圖1-4 在愛情中運用市場機制，失敗機率將會很高

罰款：把罪惡感量化的市場

接下來，我要為各位介紹一項很有意思的研究。以色列的一所幼兒園裡，曾經進行一項實驗，結果相當耐人尋味。這所幼兒園中的某些家長是遲到慣犯，經常到了下課時間卻遲遲不來接孩子。於是園方實驗性地導入了以下罰款機制：

「如未於指定時間來接孩子，每次須繳交十謝克爾（約新台幣一百元）罰款※。」

你猜結果如何？那些散漫的家長會洗心革面，準時來接孩子嗎？結果相當出人意表。謹說明如下：

❶導入罰款機制後，遲到慣犯家長依然故我。

❷不僅如此，就連有些原本準時來接孩子的家長，也都開始遲到，導致遲到家長的總數不減反增。

❸實驗結束後，增加的遲到人數並沒有回復到實驗前的水準。

沒想到導入罰款機制，竟帶來了反效果。為什麼會這樣？請各位先試著想想遲到

※出處：Uri Gneezy , Aldo Rustichini “A Fine is a Price”
（*The Journal of Legal Studies* , Vol. 29, No. 1 〈 2000/1 〉, pp. 1-17）

慣犯的心態——在導入罰款機制之前，他們是給幼兒園添麻煩的討厭鬼。然而，在導入罰款機制後，**只要付錢就能贖回這些罪責**。因此，導入罰款機制反而讓他們敢光明正大地遲到了。

那麼，原本明明可以準時來接孩子，卻在導入罰款機制後開始遲到的那些家長，又是怎麼想的呢？以往，他們應該是出於「不想給老師添麻煩」等道義上的理由，才會準時來接小孩。可是，導入罰款機制後，只要付一筆相對便宜的罰款，就能買到所謂的「延長托育服務」。對這些家長來說，他們已經為了享受服務，而付出「罰款」這個代價，所以當然就不存在道義上的問題了。

以上的罰款金額對家長來說，或許太廉價了。如果用家長心中的算盤來計算，遲到給幼兒園老師所造成的麻煩，應該不小；如果把這種麻煩換算成罰款，一次應該也應該付新台幣幾百元吧？因此，幼兒園訂定的罰款會讓有些家長覺得「什麼嘛！原來對幼兒園來說，晚點接孩子根本不是太嚴重的麻煩！」才會在罰款機制結束後仍持續晚到，良心也不再像以前那樣不安了。這就是廢除罰款機制後，遲到人數未減少的原因。

從這個實驗當中，我們學到了什麼教訓呢？

那就是輕易導入罰款機制，會帶來反效果。只要導入罰款機制，人就可以透過繳納罰款，來贖回自己犯下的罪過。就這一層涵義而言，罰款其實可以說是一種價碼，**罰款機制把罪惡感市場化了**。人可以藉由繳納罰款，買到犯罪的權力。

這樣看來，我們就可以明白在**例題2**當中，甲同學被乙同學拒絕約會的原因了。像愛情、道德這種「花錢買不到」的事物，也具有「稀少性」這個本質，但是當我們一不小心，替這些「正因為花錢買不到，所以更稀有」的事物標上價格時，它們的特質，就會因為「標價」這個動作而改變。因此，要分配這類稀少性資源，我們應該尋求市場機

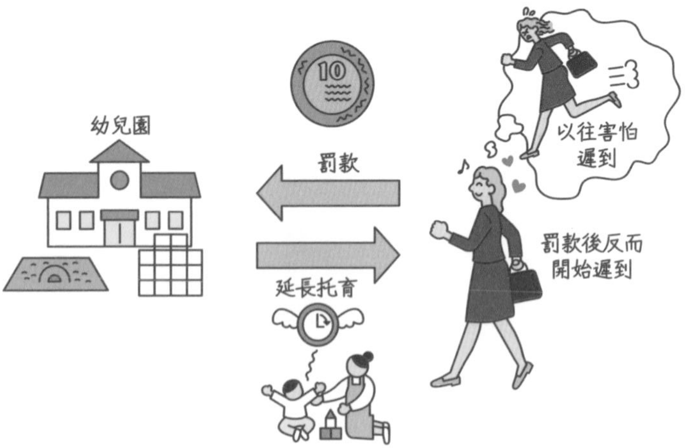

圖1-5 原本應該用來處罰遲到的罰款，會變成家長心中延長托育的價碼

制以外的其他方法，才能帶來理想的結果。

重點3 愛情或道德這類稀少性資源，應該避免透過市場機制進行分配。

認識「財貨」與「服務」

在經濟學上，我們把那些與感情、罪責無關，性質更一般、不詩情畫意的稀少性物品，稱之為**財貨**或**服務**。具稀少性的「財貨」，是指物理上的有形物品，例如麵包、書籍、衣服、手機等。相對地，所謂的「服務」，是指具稀少性，但並非物質性的事物，例如馬戲團表演、剪髮、教育等。以上只是分類名稱上的差異，不論是財貨或服務，兩者的本質都是「可以用金錢買賣的稀少性資源」。因此在本書當中，可以不必太在意它們的差異。

重點4

具稀少性且爲物質性的物品，就是所謂的「財貨」；非物質性的事物，則是所謂的「服務」，買賣財貨、服務的市場，就是所謂的財貨與服務市場。

個體、總體經濟學，哪裡不一樣？

買賣財貨、服務的市場，就是**財貨與服務市場**。在入門經濟學課程當中，絕大多數都是以它為前提來進行各項說明。而在撐起經濟學領域的另一大支柱——總體經濟學（Macroeconomics）領域當中，分析的對象不只有財貨與服務市場，還有買賣勞動力的**勞動市場**、現金貨幣流通往來的**貨幣市場**，以及買賣股票、國債的**債券市場**等。

這裡我要再趕緊補充說明，個體經濟學和總體經濟學

圖1-6 財貨和服務：個體經濟學最常討論的兩種市場

的差異，並不是它們關心的市場種類不同，而是它們將經濟現象模型化時的概念與分析目的不同，才會區分成個經和總經。

比方說在個體經濟學當中，是以「布丁」、「麵包」之類的個別財貨市場作為分析對象；而在總體經濟學當中，會將這些個別的財貨、服務整合成「**消費財**」這種抽象化的概念。總體經濟學會把在財貨、服務市場上交易的事物，一概視為「消費財」這種概念性的存在；同樣地，在總體經濟學所探討的勞動市場當中，不是指在各式企業裡工作的個別勞工，而是整體的勞動力；至於在債券市場上，研究的是將國債、公司債和股票等統稱為「債券」的抽象資產。

總體經濟學就像這樣，會用通盤觀點，概略性地掌握市場，統計出在市場中流通的財貨、服務的**總量**，忽略它們的個別性，進而打造出集個別市場之大成的整體經濟模型。

重點5 個體經濟學會深入分析個別市場，而總體經濟學則是分析由這些個別市場構成的國家整體經濟。

儘管經濟學有這兩種不同的切入點，但在本書當中，我會偏重說明個體經濟學的分析方法——因為用「區分個別市場」的個體經濟學方法，來思考市場機制的方法在什麼時候會順利奏效，什麼時候會失敗，是最合適的選項。事不宜遲，從下一章起，我們就來說明個體經濟學的基本工具——需求曲線、供給曲線與市場均衡。

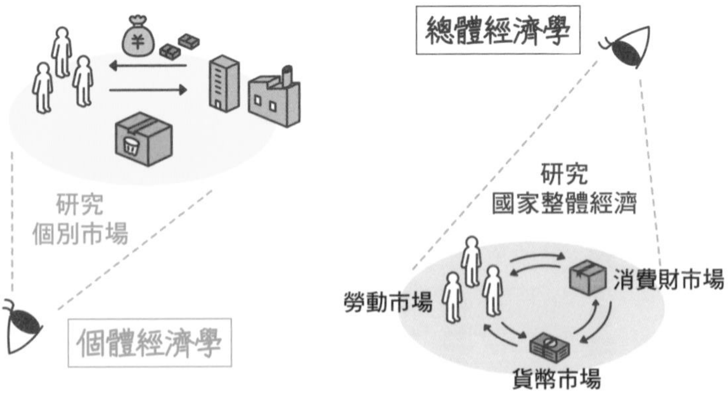

圖1-7　個體經濟學與總體經濟學的差異

第2章 拉麵手機經濟學

市場模型：玩經濟學的「玩具」

接下來，我們要來探討「市場機制」，也就是解決稀少性資源分配問題的方法。社會上存在著各種具稀少性的事物，舉凡營養午餐多出來的一份甜點、正職員工的職缺……這些都是人人想要，但數量不足以分給所有人的事物。為了將它們分配給社會中的眾人，方法之一就是透過金錢來買賣這些事物，也就是循市場機制的方法。

要分析市場，可考慮以下兩種方法。

第一種方法，是選一個實際存在的具體市場，對其發展進行深入的分析。比方說，我們可以聚焦披薩市場，縝密地追蹤它的發展歷程，看看披薩這種日本人以往完全陌生的財貨，因為舉辦東京奧運（昭和時代，一九六四年）的機緣，而開始在日本普及後，又經歷了什麼因緣際會，才成為今日廣受歡迎的飲食。

這應該會是很有意思的一篇文章，在學術上應該也會成為一項相當重要的研究。

然而，這畢竟只是針對「披薩」這個具體財貨市場所做的研究，並沒有從中理解「市場」這個社會制度的本質。因此，標準的個體經濟學並不會使用這種歷史研究法。

在經濟學當中，一般會選用的市場分析方法，是不受具體財貨、服務特殊性囿限的抽象分析；也就是根據大多數市場的共通特性，打造出一個用來說明市場運作邏輯的「玩具」。希望能藉由開心把玩「玩具」的過程，從中獲得某些洞察。而這種方法，就是所謂的**模型分析**。會用到模型分析的不只經濟學，還有物理學、社會學和醫學等領域。

重點6 **經濟學會將實際存在的市場模組化，並加以分析。**

需求、供給曲線：買賣手機就懂了！

個體經濟學經常使用各種市場模型，其中最簡單的是哪一種呢？

就是由以下三大元素：兩條曲線**（需求曲線、供給曲線）**，和一個假設**（完全競爭市場**

假設）所構成的模型。

先來說明需求及供給曲線。所謂的市場，就是買賣財貨、服務的一套機制。其中作為買方的人，我們稱之為**消費者**；消費者購買財貨的意願多寡，就是所謂的**需求**。至於銷售財貨的人，我們則稱之為**生產者**；這些人銷售財貨的心態，就是所謂的**供給**。而用來呈現需求、供給和財貨價格之間關係的，就是需求曲線、供給曲線。

比方說，現在市場上推出了一款有蘋果標誌的新手機。只要這款手機的價格降低，很多人的購買意願都會增加；反之，當價格飆高時，民眾購買的意願就會減少。若以圖表來呈現這款手機的購買意願和手機價格之間的關係，則可畫出如圖2-1的需求曲線。

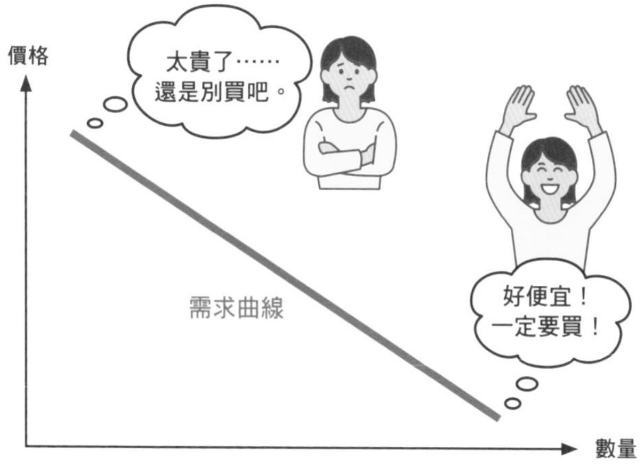

圖2-1 需求曲線

接著，再來想想手機生產者方的心態。

當手機可以高價賣出時，生產者的心態就會是「有多少賣多少」，也就是供給會上揚；反之，當手機價格因為政府干預等因素被迫調降時，生產者的銷售心態就會轉趨消極。而呈現生產者這種心態變化的，就是圖2-2的供給曲線。

這裡有一點要請各位留意，誠如各位在圖2-1和圖2-2所見，需求曲線和供給曲線的圖表都是：

「**縱軸表示價格，橫軸表示數量**」。

理組背景的人，似乎都覺得這樣的圖表很不自然。不過，這是因為在進行各種經濟分析時，以縱軸表示價格，比較方便進行直

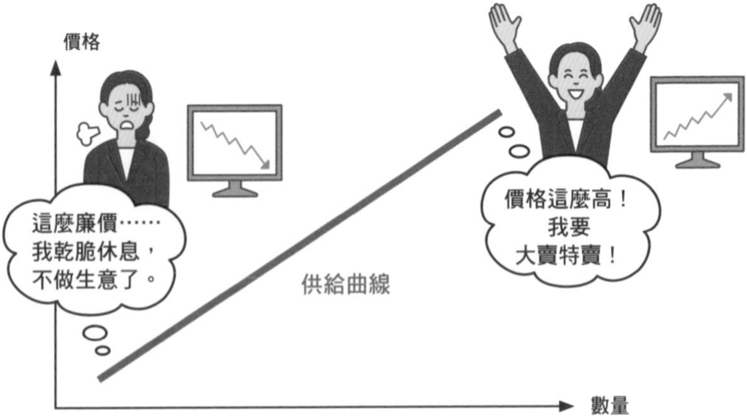

圖2-2 供給曲線

覺操作的緣故。實際上究竟有什麼優點，我會在本書中慢慢告訴各位。期盼各位在讀完本書之際，也能認同用縱軸表示價格的安排。

重點7 在經濟學當中，價格一定會放在圖表的縱軸。

「潛在」數量：真正的需求和供給量，是看不到的

還有一點要請各位留意。我在前面說明需求及供給時，都是使用「意願多寡」、「想購買、想銷售的心態」等主觀數量的描述。透過這樣的描述，我想表達的是：供給或需求，是指潛在數量，不盡然可以實際觀察得到。

我們再用智慧型手機的例子來想一想。假設某一款智慧型手機的新機型只賣一萬日圓（約新台幣兩千三百元），此時，市場究竟會發生什麼事呢？

要是功能強大的新款手機只要一萬日圓就能買得到，那麼手機開賣當天，門市前保證會大排長龍。而店裡的存貨恐怕會在消化完排隊人龍之前，就銷售一空。那些排

隊好幾個小時，最後卻買不到手機的人，只能帶著沮喪的心情，消沉地回家。

而「對手機的需求」這句話，意指「要是有充足存貨，業者原本應該可以銷售的數量」，而不是當天實際售出的數量。如果當天排隊等候的每一個人都能買到，那麼究竟能賣出多少台手機？這個潛在數量才是所謂的需求。

請各位把這句話放在心上：「需求」一詞所指的，其實是潛在數量。如此一來，應該就能減少我們在後續討論時的混淆。

「供給」一詞也和需求一樣，代表的同樣是潛在數量。

假設現在有一家新開幕的拉麵店，開出

圖2-3 超值手機的需求

「一碗拉麵兩千日圓」（約新台幣四百四十元）這樣需要一點勇氣的價格，賣起了充滿講究的鹽味拉麵。湯頭裡加入了來自遙遠不知名國度的頂級岩鹽，看起來漂亮，吃起來更是美味。

老闆認為一碗拉麵兩千日圓是很合理的價格設定。不過，這個價位是否真的妥當，並不是由老闆決定，而是要交由消費者來評斷。倘若消費者判定這樣的鹽味拉麵根本不值兩千日圓，那麼老闆說不定就只能含淚倒掉那一大堆賣不出去的高級鹽水。

在這個悲慘的情景之中，「供給」一詞所代表的，並不是當天實際售出的拉麵有幾碗，而是老闆根據兩千日圓的定價，在銷售計畫上預計要銷售的數量——因為供給和需

明明能供應
更多份的呀……
吃到了！
實際售出數量
＋
已經備妥卻賣不出去的數量

圖2-4 高價拉麵的供給

求一樣，都不是看實際發生的數量，而是原本打算銷售的數量。

重點8 **在某個價格下的需求與供給，不是指實際買賣出去的數量，而是指在該價格下預設的潛在數量。**

超額需求及供給：大家都想要「剛剛好」

綜上所述，定價太低或太高會造成想買的東西買不起，或想賣的東西賣不掉必須報廢等，五花八門、或大或小的悲劇。換言之，在不合宜的價格下，市場無法圓滿解決稀少性資源的分配問題。

當價格過低，吸引了大批消費者蜂擁而至，將存貨一掃而空，導致有人買不到的情況，我們稱之為「**超額需求**」（excess demand）狀態；反之，當定價太過大膽，結果造成大量滯銷庫存時，我們稱之為「**超額供給**」（excess supply）狀態。當超額需求狀態遲遲無法解除時，想買該項財貨卻買不到的消費者，不滿情緒就會升溫；反之，在超額供給的狀態下，滯銷庫存恐將對經營造成沉重的壓力。不論是超額需求或超額供給，都會對生產者形成一種誘因，促使他們調整定價、重擬生產計畫。

結果就是出現超額需求的新款手機會調漲市售價格，超額供給的高級鹽味拉麵則調降市售價格——這就是市場的**價格調整**（price adjustment）。

重點9 因超額需求而調漲價格，或因超額供給而調降價格的動作，就是市場的價格調整。

透過市場的價格調整，那些太廉價或太昂貴的財貨價格最終會到達「剛剛好」的水準。在這個「剛剛好」的價格下，需求和供給應可達成一致。當需求和供給達成一致時，想要該項財貨的人都會順利購得，生產者用心生產的財貨，則會依計畫全數賣出。當需求和供給與實際流通量達成一致時，消費者的不滿就能獲得紓解，生產者為了暴殄天物的報廢而大傷腦筋的問題，也會迎刃而解。如此理想的狀況，就是**完全競爭市場均衡**。稀少性資源的分配問題，會因為均衡的完全競爭市場，而終於獲得完美的解決。

根據圖2-5的圖表，「完全競爭市場均衡」是以需求曲線和供給曲線的交點來表示。這個交點的價格，我們稱之為均衡價格；而交點上的需求和供給量，則稱為均衡數量。最後，預設「市場具備價格調整機能，最終一定會達到完全競爭市場均衡」，也就是所謂的「**完全競爭市場的假設**」（這只是假設，實際上經常事與願違。後續我會再針對這個狀況詳加說明）。有需求曲線、供給曲線，以及這個完全競爭市場的假設，一個市場模型就完成了！

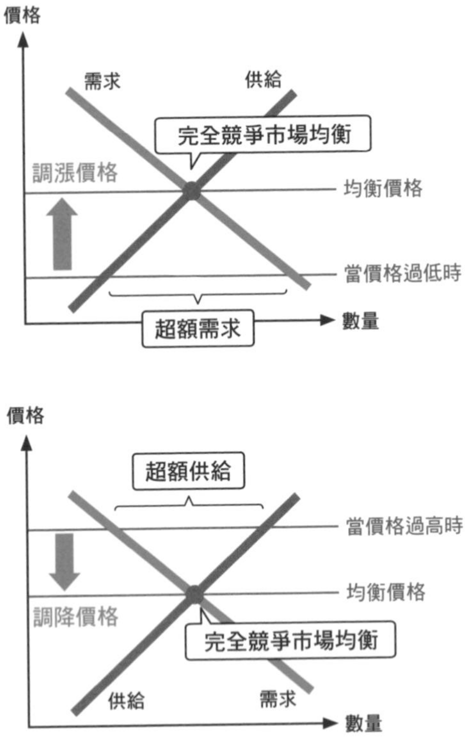

圖2-5 透過價格調整，達到完全競爭市場均衡

重點10 需求曲線和供給曲線的交點，我們稱之爲完全競爭市場均衡。

口罩之亂：市場在努力達成均衡

順道一提，我撰寫本書這個段落的時間，是二〇二〇年秋天。哎呀！當時全世界簡直出現了天翻地覆的變化。二〇一九年底爆發的新型冠狀病毒，以野火燎原之勢傳播到世界各地，徹底顛覆了人們原本的生活型態。

這場疫情大大地改變了許多財貨、服務的稀少性，其中變化最顯著的，想必就屬醫療口罩市場了吧？在此之前，日本會天天配戴口罩的，頂多就只有花粉症的患者。然而，就在二〇二〇年初春，疫情開始急轉直下之際，口罩瞬間銷售一空，從日本全國各地藥妝店的店頭消失。民眾一大早就在街頭各處排起人龍，無論如何都要設法搶到口罩。新冠疫情爆發，使得口罩出現了超額需求的情況。

後來發生了什麼事呢？如果口罩市場具備價格調整機能，那麼當消費者對口罩產生超額需求時，口罩的市場價格就應該會逐步上揚——實際上的發展也的確一如預期。二〇二〇年四月，新冠病毒剛開始在日本爆發流行時，口罩的原料價格翻漲了好幾倍，再加上轉售牟利行為猖獗等因素，市價更是飆漲到近十倍之多。

然而，就在幾個月之後，口罩的產量增加，供給轉趨穩定，於是口罩的超額需求便得以緩解。不僅如此，由於供給量激增，市場上甚至還出現了許多滯銷的口罩，使得口罩又出現超額供給。想必很多讀者都還記得，當時日本就連在銷售服飾、食品等其他財貨的商家，也在店頭擺出了大量的口罩，還以清倉拍賣的價格出售。在以上背景因素下所產生的超額供給，拖累口罩價格迅速崩跌，最後還下殺到了比二〇二〇年之前更低的價位。

所以，即使是在「新冠病毒疫情」這種絕對會在人類歷史上留下紀錄的非常時期，市場的本質依舊不變，同樣力圖將社會導向均衡。

第一位經濟學家登場：亞當・斯密

市場會因價格調整機制而被導向均衡，使得需求和供給最終達成一致——以往各位應該也曾在其他地方，聽說過諸如此類的劇情發展吧？說不定還有人會想起「看不見的手」這個說詞。

在經濟學的歷史上，第一個用「需求」、「供給」和「完全競爭市場的假設」這三項要素，來思考「市場」的人，就是英國（嚴格說來應該是蘇格蘭）哲學家亞當・斯密（Adam Smith）。亞當・斯密在一七二三年出生於蘇格蘭的一個名叫柯卡狄（Kirkcaldy）的小鎮。據說他從小就顯得有點傻愣，是個稍顯與眾不同的孩子。

相傳亞當・斯密在四歲時，曾遭偶然路過的遊民擄走，所幸可能因為獲救或獲釋，最後得以平安返家。否則，經濟學的歷史發展可能就要大大地改寫了。

亞當・斯密在十七歲時進入格拉斯哥大學（University of Glasgow）就讀，後來又進入牛津大學深造，鑽研各種學問後，於二十八歲時獲聘格拉斯哥大學的道德哲學教授。（奇怪？為什麼不是經濟學教授？）

會這樣想的讀者，都忘了一件很重要的事：經濟學是日後才由亞當・斯密創建，因此在當

圖2-6 亞當・斯密
（Adam Smith, 1723～1790年）

時，世界上根本就還沒有「經濟學者」這樣的職業。在這個時期，為亞當・斯密打開知名度的著作是《道德情操論》（*The Theory of Moral Sentiments*）——這看起來一點都不像是「經濟學書籍」吧？

對亞當・斯密的人生、以及對經濟學的歷史而言，真正的一大轉機，是自一七六四年起，為期兩年多的法國、瑞士之旅。當時的貴族子弟並不會到學校去受教育，因為教育機構是為中層階級開設的。上流階層通常是請知名學者到家裡，擔任孩子的家教老師。對學者而言，當貴族的家教老師，收入比在大學任教高出一大截，所以都很樂於接受這樣的邀約。以現代的常識來看，這實在是一件很詭異的事。

當時英國貴族教育的最後階段，是要到歐洲大陸進行一趟名叫「壯遊」（Grand Tour）的校外教學。亞當・斯密當時在社會上已是小有名望的哲學家，因此某公爵家邀請他擔任壯遊的隨行家教。亞當・斯密聞訊大喜，便辭去了大學的教職，陪同他的新雇主——一位年輕的公爵，啟程前往法國。

後來，亞當・斯密在旅居法國、瑞士期間，與多位名滿天下的思想家（伏爾泰、奎內〔Francois Quesnay〕等）交流互動。受到這些大師的刺激，亞當・斯密以「個人自由與社會秩序的相互關係」為題，開始寫起了哲學書籍。之後他費時將近十年，才終於完成這部鉅作《國民財富的性質和原因的研究》（*An Inquiry into the Nature and Causes of the Wealth of Nations*）。不過，由於它的正式名稱稍微長了一點，因此通常比較為人所知的是《**國富論**》（The Wealth of Nations）或《原富》等名稱。

自私自利：自由市場的引擎？

亞當．斯密所處的那個時代，歐洲社會正逐漸開始出現巨變。許多佃農因為被貪婪霸道的領主搶走耕地，紛紛湧入都市，形成了巨大的貧民窟。這些人的存在，顯然已嚴重破壞都市的治安。另一方面，他們為了賺得溫飽，便廉價兜售自己擁有的唯一一種稀少性資源——**勞動力**。於是**勞工**就此應運而生。勞工所供應的大量勞力，被當時也才剛出現的一群**資本家**，以「連惡魔看了都會哭」的極低薪資一再壓榨。這些資本家取得了大量廉價的勞動力之後，便開始大量生產各式財貨，再大量銷售，以獲取更多財富，進而展開**資本累積**。

簡而言之，這就是經濟成長的初期樣貌，後來人類也親眼見證過了好幾次經濟成長。比方說，皮手套在某個城市開始熱銷。這時，野心勃勃的企業家就會一窩蜂地投入生產皮手套，想藉此大賺一筆。結果，其他產業的勞力被挖走，沒人烤麵包、做衣服，導致民眾生活陷入不便。即使如此，貪婪的資本家和在他們手下工作的卑微勞工，仍會只想著自己要賺錢，便繼續埋頭生產皮手套。

看在現代的你我眼中，這樣的光景早已司空見慣；但看在當時只知道君主是以神之名，實行專制統治的民眾眼中，這一切就像是整個社會秩序瓦解傾頹的過程。可能有人不禁感嘆：「啊！這世間還是要由英明的神選君主來統治才對……」

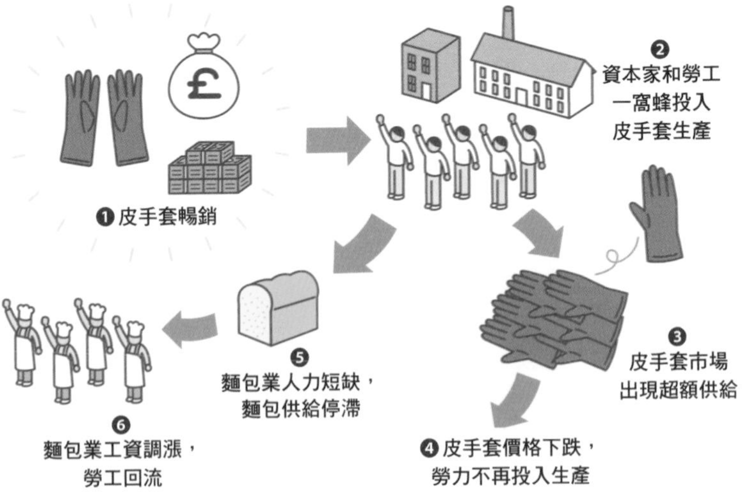

❶皮手套暢銷
❷資本家和勞工一窩蜂投入皮手套生產
❸皮手套市場出現超額供給
❹皮手套價格下跌，勞力不再投入生產
❺麵包業人力短缺，麵包供給停滯
❻麵包業工資調漲，勞工回流

圖2-7 市場的價格調節機能

面對這樣的感嘆，《國富論》提出了一套論述。**亞當．斯密認為資本家或勞工的需求、野心與自利心，都不是造成社會秩序瓦解的因素，反而還為社會帶來了秩序。**只要皮手套掀起轟動熱潮，它的生產者就會增加，供給也會變多。可是這樣一來，皮手套市場就會發生超額供給，手套價格也會隨之下跌。於是過不了多久，生產皮手套就再也嘗不到甜頭了。

被搶走人力的麵包、服飾業界，則會陷入勞力的超額需求狀態（簡而言之就是人力短缺）。於是這些業界的薪資就會開始上揚，勞工也跟著回流。或許企業家的野心，會引發短期性的社會混亂，但遲早會透過市場的價格調整機制，回歸均衡。屆時人們應該就會吃得到麵包、買得到衣服，再回到衣食無缺的狀態。

建立秩序要靠市場，而非權力

值得一提的是，社會秩序因市場的價格調整機制而恢復，並不是因為資本家或勞工尊重社會秩序，關懷世間大眾。實際上根本完全相反，麵包業界和成衣業界，都只是為了要讓自己生存下去，而調高工資罷了；勞工則是被調高的工資吸引，才回頭去生產麵包、服飾而已。整件事從頭到尾，都是出於「自利心」。市場的齒輪，就是用這些自利心當作燃料來轉動。為社會帶來秩序的，並不是運用權力進行管制或人們的利他心態，而是當每個人的需求彼此吻合之際，也就是在均衡狀態下，秩序便應運而生。

亞當・斯密當然不是毫無限制地頌揚人們的自利心，他依然強調社會秩序的維護，需要社會裡的每個人都具備道德感。然而，亞當・斯密提出了「市場是以人們的自利心作為原動力，自主分配稀少性資源的一套機制」這個願景。這樣鮮明的主張，無疑是讓《國富論》成為一部古典名著，並且迄今仍廣受世人閱讀的原因。

一七九〇年七月，亞當斯密於六十七歲辭世。據說他安度了一段廣受世人尊敬的晚年生活。前一年，法國才發生了民眾攻陷巴士底監獄的事件。亞當・斯密仙逝之際，歐洲的王公貴族時代也正走向尾聲，為自由市場的時代揭開了序幕。

第3章 如何阻止黃牛哄抬售價？

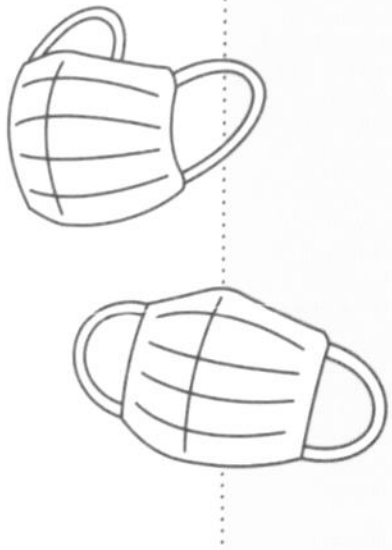

亞當．斯密：黃牛的擋箭牌？

在前一章，我們介紹了由需求曲線、供給曲線，以及完全競爭市場的假設所構成的最簡單的市場模型。此外，我們也提到亞當．斯密的生平事蹟，介紹了他所懷抱的主張——「市場是以人們的自利心作為燃料，持續運作的一套自主機制」。

按照亞當．斯密的想法，每個人的自利心在彼此衝撞後會讓市場達成均衡，而使社會秩序得以維繫，並不會危害社會。這樣的觀點，在現代社會究竟還能不能適用？

這時我腦中浮現的，仍是二〇二〇年發生的口罩之亂。這一年的梅花飄香時節，住在日本的民眾，儘管比別人慢了半拍，但也逐漸開始意識到新型冠狀病毒並不是只在中國地方城市爆發的地方性流行病，而是會威脅日本國民的疾病。眼見日本國內確診人數急遽攀升，萌生危機感的民眾先是大舉衝向各大賣場的衛生紙貨架，接著才到口罩區搶購，結果導致口罩出現超額需求，市售價格飆升的來龍去脈，我已於第二章說明。

部分眼尖民眾預期到口罩將出現超額需求，便搶先跑到藥局，一盒又一盒地買光店頭陳列的所有口罩，再放到網路上的拍賣平台，做起了低買高賣的轉售生意。社會上對於這種極度自私、損人利己的銷售手法大感憤慨。不過憤慨歸憤慨，當時若想買到口罩，除了在藥局前漏夜排隊（甚至不知藥局有無到貨），也只能花大錢向這些罪大惡極的口罩黃牛購買。然而，黃牛面對社會上不斷升高的炮轟怒火，仍若無其事地牟取暴利。

究竟這類轉售現象，是否符合亞當．斯密的市場概念？

疫情催生出了「口罩轉售市場」，用民眾的不安和黃牛的自利心當燃料，迅猛地運轉著。儘管做法是否合宜有待商榷，但轉售市場的確成功將大量口罩分配到民眾手上。不過，光憑這個結果，就做出「口罩轉售市場成功解決了稀少性資源的分配問題」這個結論，恐怕還是讓人遲疑。

即使我基本上贊成「市場是基於個人的自利心態而運作」、「稀少性資源因為市場而獲得妥善分配」等論述，但我仍認為，那些驅動市場的「自利心」，應受到一定的限制。黃牛猙獰至極的自利心態，應該早就超出亞當．斯密願景的範疇了。轉售市場不僅沒有成功為社會帶來秩序，甚至還成了社會上的禍害，不是嗎？為什麼政府要放任這些分子橫行？應該要把他們全都繩之以法！

呼……臭罵黃牛就先到此為止，還是先稍微冷靜一下吧！我現在才想起來，這本書可不是我的日記，是個體經濟學的教材。

個體經濟學該做的，不是站在道德的制高點上，撻伐所有看不順眼的事，而是要以市場模型為工具，客觀地分析經濟現象。就我個人而言，我巴不得把那些口罩黃牛全都送到但丁筆下的九層地獄，直接打入倒數第二層。不過接下來，容我姑且先把這些情緒收進上鎖的小盒子裡，試著從經濟學的觀點，力持冷靜地分析。

為什麼只有口罩市場出現黃牛？

在開始分析前，我們先來想一想：為什麼口罩會成為轉售牟利的標的？表3-1是日本英德知（INTAGE）公司的一份調查，列出二〇二〇年四月中旬時，營收急劇成長的各項財貨。其中香草精、鬆餅粉等品項，是「宅經濟」的需求標的，可解讀為是民眾在政府宣布進入緊急事態後，為了能在無法外出的生活中增添些許樂趣，所做的努力。而漱口水、溼紙巾和體溫計熱銷的原因，也顯而易見。這些品項都是因為疫情而引發了超額需求，導致數量極度短缺。但是，為什麼只有口罩出現轉售行為，甚至還發展成了社會問題呢？

我們其實可以想到好幾個原因。首先，口罩是必需品。鬆餅粉可用其他粉類，甚至是用飯糰來替代，並不是非買不可的商品。然而，口罩是不論如何都要買到的財貨，要是無法取得，健康就會曝於險境，所以。如

品項	與2019年同月營收比
漱口水	359.1%
食品萃取液類（香草精等）	251.9%
預拌粉類（鬆餅粉等）	245.5%
溼紙巾	186.5%
體溫計	183.7%
口罩	161.2%

資料來源：根據英德知全國零售通路追蹤調查，2020年4月13～19日的營收增減率（與前年同月比）製成

表3-1　新冠疫情初期的熱銷商品

果大家沒有順利在藥局門市購得口罩，就只能買轉售品，別無選擇。

第二個原因，是由於當時口罩的供給缺乏彈性。其他財貨在需求升溫時，業者就已增加供給量。可是，當時口罩的生產據點幾乎都在海外，就算生產者想方設法確保了原物料的供給，也成功增聘到勞工，但追加生產的口罩還是要花上好幾個月的時間，才能運送到日本全國各地。

運送過程造成這麼冗長的時間差，讓口罩黃牛要趁機銷光存貨，綽綽有餘。他們只要把日本國內市場上流通的口罩全都搜刮來囤積，市場就會變成真空狀態。如此一來，黃牛就能隨心所欲地哄抬價格。

口罩是必需品，再加上供給在短期間難以增加——這兩項條件齊備時，口罩就被黃牛盯上了！

最高願付金額・需求曲線是這樣畫出來的

了解口罩成為轉售標的的原因之後，接下來我們要試著建立口罩轉售市場的模型。首先要介紹的，是需求曲線。

下面這個思考實驗，能幫助我們繪製口罩的需求曲線。

在二〇一九年以前，一提到「corona」這個詞，多半是指啤酒的名稱（可樂娜啤酒）或天文學術語（日冕）。讓我們先回到那段令人懷念的時期，假設在當時歲月靜好的日子裡，某家生產口罩的業者對消費者的願付價格進行了一項市場調查。調查方法很簡單，就是在街頭攔下路人，直截了當地問：

「我們生產的口罩，每盒有一百個，請問您最多願意花多少錢買？」

假設受訪者也據實以告，說：

「這樣啊……一盒我最多願意花三千日圓（約新台幣六百六十元）購買。」

圖3-1 口罩市場需求的調查情況

每位消費者心目中的最高願意支付金額，相差非常大。有人不願意多花一點錢買口罩，有人因為工作關係而必須用口罩遮住口鼻，也有富豪是價格再貴都願意購買。最高願意支付金額會反映每個人的喜好、工作和經濟狀況，呈現出五花八門的數字。

像這種消費者為一單位財貨付出的最高價格，在經濟學上我們稱之為**最高願意支付金額**或願付價格（Willingness to Pay，簡稱 WTP）。

重點11 **能爲某項財貨支付的最高價格，就是所謂的「最高願意支付金額」。**

當然就實際執行面來看，這樣的調查方法未免太簡略。首先，消費者不見得願意據實告知金額，況且面對這麼突如其來的提問，消費者究竟能否回答出正確金額，也是未知數。此外，我們也無從得知受訪者是否經過充分的隨機抽樣……這些技術性問題該如何解決，其實在經濟學門下的各個領域，都已如火如荼地展開研究。

現在，請各位先忽略技術性問題，就當作每位消費者都坦白直率、開誠佈公、願意說出正確的願付價格。

假設在調查之後，我們得到圖3-2的結果，並進一步將四位消費者的最高願意支付金額由高至低，整理成圖3-3。

這就是口罩的需求曲線。

一張排列出受訪者最高願意支付金額的圖表，為什麼會變成需求曲線？各位有什麼高見？

假設口罩的市場價格是兩千五百日圓。在這個價位下，會買口罩的是最多可以付到四千日圓的富豪，和願意拿出三千日圓的忍者。因此，當售價為兩千五百日圓時，口罩可賣出兩盒。同樣地，如果口罩的價格來到一千五百日圓，那麼除了眼鏡哥之外，其他三個人應該都會買。要是價格再下殺到五百日圓，那麼這四個人應該就都會買單了，對吧？這張圖表，不就是需求曲線嗎？

重點12 將最高願意支付金額由高至低，依序排列，就可畫出需求曲線。

我認為一盒口罩賣3,000日圓，這樣最好！
我最多願意付1,000日圓。
賣到4,000日圓，我也會買。
我頂多付2,000日圓吧。

圖3-2 消費者對口罩的最高願付金額

圖3-3 排列眾人的最高願意支付金額，就能獲得口罩市場的需求曲線

或許有人會質疑：「這張圖太有稜有角，看起來根本不像需求『曲線』。」其實這只是規模的問題。在這個思考實驗當中，我們只訪問了四位消費者。實際的口罩市場上存在更多消費者，如果我們訪問全日本的所有消費者，那麼從這樣大的範圍看來，圖表就不會有稜有角，而是一條平滑的曲線了（圖3-4）。

消費者剩餘：衡量口罩市場有多「划算」

在本章中，我重新詮釋了需求曲線，讓線條是以最高願意支付金額由高至低排列

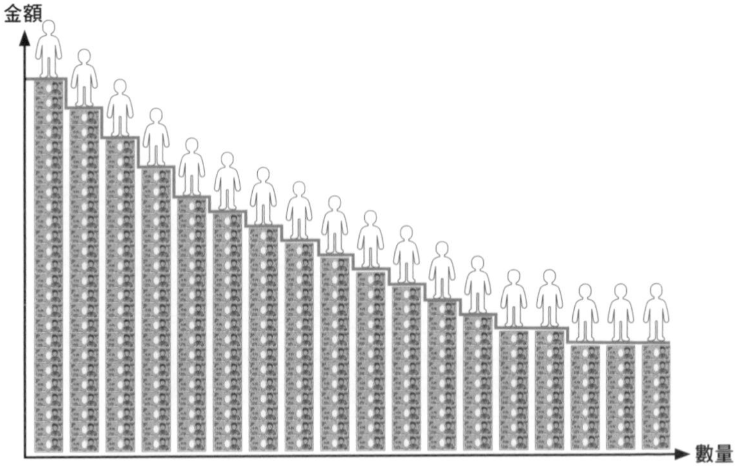

圖3-4 受訪人數愈多，圖形就會更趨近平滑的曲線

而成，而不是直接給定一條曲線。這個舉動其實有著很重要的意義——因為我們將能用需求曲線，來評定「市場的優劣」。

假設現在口罩的市場價格是兩千日圓（圖3-5）。此時，願意付四千日圓的富豪，和已做好「最多可付三千日圓」心理準備的忍者，都會購買口罩。原本最多只打算付兩千日圓的小姐，或許會有點苦惱，但只要沒有超過預算，應該也會購買。至於那位最多只打算拿出一千日圓的眼鏡哥，則會選擇不買口罩，離開市場。

這時，原本願意付四千日圓的富豪會很開心地說：「才花兩千日圓就買到口罩！太便宜了！」

這份「划算感」多寡，我們可用「最高

圖3-5 圖解消費者剩餘

願意支付金額」和「市場價格」的差額來計算：

4000－2000＝2000（日圓）

同樣地，那位已做好「最多可付三千日圓」心理準備的忍者，也會因為花兩千日圓就買到口罩，而從中獲得一千日圓的「划算感」：

3000－2000＝1000（日圓）

至於最高願意支付金額剛好是兩千日圓的小姐，「划算感」則是：

2000－2000＝0（日圓）

也就是除了買到口罩之外，這位小姐得不到任何額外的喜悅。

因此，我們就可算出這三位消費者能從市場上獲取的「划算感」總額：

2000＋1000＋0＝3000（日圓）

這個總額，我們稱之為口罩市場上的**消費者剩餘**（consumer surplus），代表消費者在購買到「口罩」這項商品後，可額外獲得的喜悅，所以用「剩餘」這個詞彙來表示。消費者剩餘的多寡，呈現的是「口罩市場在消費者心目中的存在價值」。消費者剩餘越多，就表示這個市場在消費者心目中是很討喜的。

在圖3-5當中，消費者剩餘的多寡，是由用來表示價格水準的水平線，和需求曲線所圍出來的多邊形區塊所構成。在個體經濟學的分析當中，我們經常會聚焦分析這個區塊的面積，所以請各位務必確實了解以下重點。

重點13

「最高願意支付金額」和「市場價格」的合計差額，就是所謂的「消費者剩餘」，它代表市場在消費者心目中的存在價值。消費者剩餘的多寡，可用需求曲線和市場價格線所圍出的區域面積來表示。

口罩廠商為什麼沒有調漲售價？

接著，我們再來想想二〇二〇年四月疫情重創日本後，口罩市場發生的需求變化。當時，戴上口罩才能降低感染風險，而且不戴口罩走在街上，路人都會紛紛走避，所以消費者對口罩的最高願意支付金額提高了。原本只打算花一千日圓買口罩的消費者，在疫情爆發後，心態上可能轉變為「即使賣三千日圓都願意付」（圖3-6）。

當每位消費者重新調整自己的最高願意支付金額後，需求曲線也會隨之出現變化。這裡為求簡便，我們就假設所有消費者的最高願意支付金額都增加兩千日圓。此時，需求曲線會往上移兩千日圓。

那麼，口罩生產者又是如何因應變化呢？既然口罩的需求增加，就代表市場出現了口罩的超額需求，照理來說口罩的售價應該會變高。但是，口罩生產者並沒有立即調漲價格，這是為什麼呢？

即使是非疫情期間，財貨價格的調漲，在執行上就已經是困難重重——因為漲價會引發消費者的反彈。所以，廠商無不小心翼翼，盡可能在不被消費者察覺的情況下，悄悄調漲。以食品業為例，廠商會用「價格不變但份量減少」的形式，進行實質

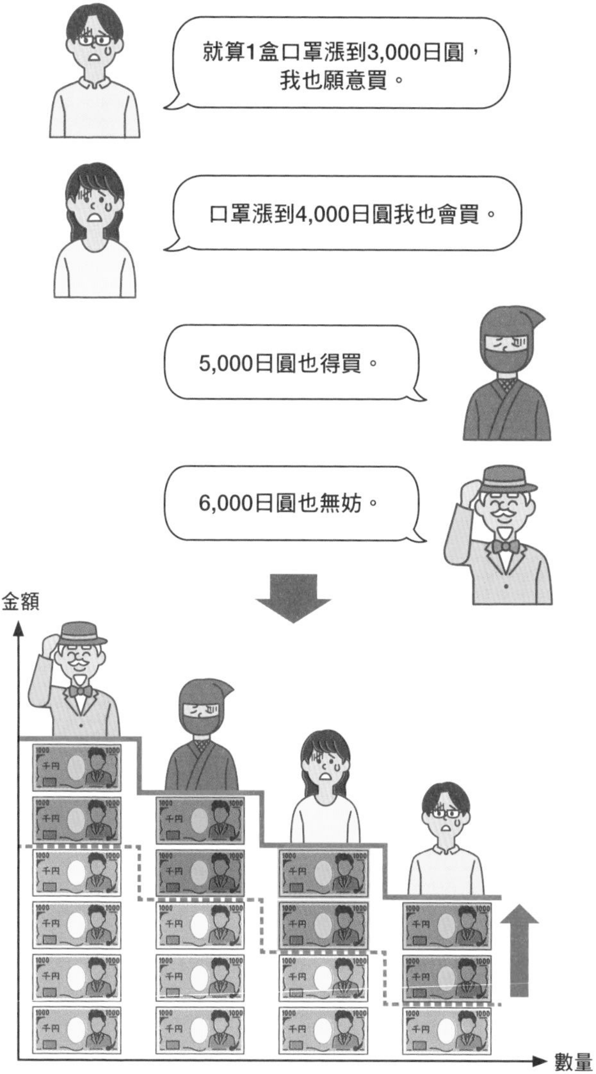

圖3-6 口罩需求曲線因疫情而上移

的調漲，是一種很典型的漲價方法。至於工業產品則會透過「只換外觀，內容不變」的形態，把產品重新包裝成新商品，進而調漲價格。也就是說，對廠商而言，調漲售價其實既耗時又費力又麻煩。所以即使需求增加，價格也不一定能輕鬆地說漲就漲。

更何況當時正逢疫情大爆發，攸關人命的口罩如果真的調漲了，恐怕會有激動的民眾跳出來大鬧，說：

「你們是打算拿消費者的性命來當人質，趁機大撈一票嗎！」

然後口罩生產者的官方社群帳號必會湧入大批撻伐炮轟，企業形象瞬間掃地。

因此，當時口罩的定價並沒有立刻出現波動。加上原物料不足，所以口罩的產量也沒有增加。至少從表面上看來，口罩供給端並沒有因為疫情而出現任何變化。

被黃牛偷走的划算感

為了讓接下來的分析更單純，我假設市場上只有圖3-6中的四位消費者，並將口罩的市場價格固定在兩千日圓，供給量也只有四盒。此時的消費者剩餘是多少呢？

從圖3-7當中，可看出這時的消費者剩餘是一萬日圓。因為四位消費者不僅都買到一盒口罩，價格還維持在兩千日圓，比原本大家準備硬著頭皮掏出來的金額還要便宜，因而也讓大家獲得了一些「划算感」。這應該是不幸中的大幸吧！

此時，眼鏡哥的最高願意支付金額和市場價格之間，至少還有一千日圓的落差。換言之，口罩價格還有調漲一千日圓的空間，但由於前述的各項原因，所以生產者並沒有漲價。

那麼，這時發生了什麼事呢？

你猜得沒錯！可惡的口罩黃牛出現了！市場上出現了好幾個口罩黃牛，用定價買走全部四盒口罩。花兩千日圓買的口

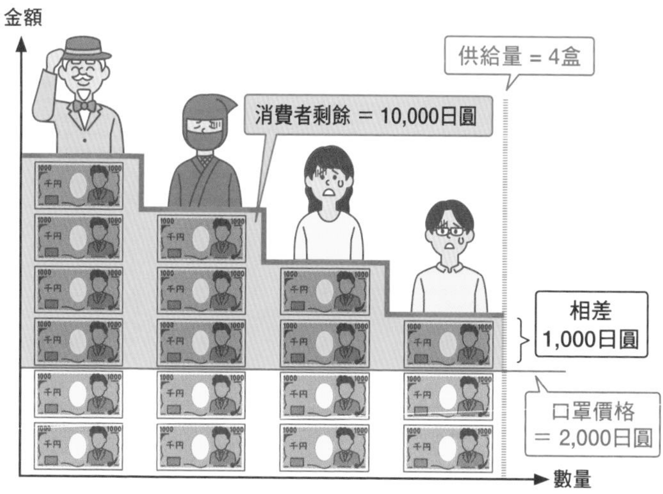

圖3-7 疫情下，口罩市場的消費者剩餘

罩，若以三千日圓轉售，每盒口罩就能獲利一千日圓。因此，這些口罩黃牛可賺得的利潤總額是（圖3-8）：

1000×4＝4000（日圓）

而消費者則是被迫以每盒三千日圓的轉售價格，購買這些口罩。轉售時被加價多少，消費者所獲得的剩餘就會縮減多少。此時，消費者剩餘的總額會減少為：

10000－4000＝6000（日圓）

消費者剩餘就這樣被可恨的口罩黃牛

圖3-8 口罩黃牛的影響

偷走了。

社會剩餘：用更宏觀的角度，看黃牛行為

根據以上的分析結果，你能不能回答這個問題：口罩黃牛究竟對社會帶來了什麼危害呢？

或許你會這樣想——答案不用想也知道吧？就是：口罩黃牛掠奪了消費者剩餘，他們只要右手買進、左手賣出口罩，就能牟取利潤。

不過，請再仔細想一想：所謂的「社會」，究竟涵蓋了哪些人？口罩黃牛也算是社會的一份子嗎？姑且先不論我個人怎麼想，由於日本並沒有明文規定轉售行為觸犯法律規定，因此就公共角度而言，黃牛並不是罪犯，所以我們必須把這些口罩黃牛列入社會成員來計算「社會剩餘」。

所謂的「**社會剩餘**」（social surplus），就是計算社會中每一個人的剩餘總合。在這裡，社會剩餘等於**消費者剩餘加上轉售利潤的金額，也就是一萬日圓**，和轉售行為出

現之前的剩餘一樣。

因此，我們可以得到一個結論：口罩市場的社會剩餘，並沒有因為口罩的轉售行為而減少。所以，儘管我們內心有千百個不願意，若以社會剩餘多寡來作為衡量黃牛造成危害的標準，則轉售行為既非壞事，也非善行，而是一種中立的行為。

重點14 若以社會剩餘作爲衡量標準，那麼轉售行爲就不是壞事。

各位應該很難接受這個說法吧？我能體會各位的心情，因為我也有著同樣的心情。所以，讓我們再稍微換個角度來思考吧！

以票券行為例，日本的主要車站附近一定都設有門市，能以便宜價格買到特急列車或演唱會等票券。這種商店也是以轉售為業，但各位會對票券行感到生氣嗎？應該不會吧？

再來看看二手書店，我很喜歡到常光顧的二手書店瀏覽書背、消磨時光。二手書店跟黃牛一樣，也是一種轉售行業。各位會對二手書店很生氣嗎？應該不會吧？因為二手書的售價通常比定價便宜許多，且是一般市面上很難買到的珍本書。

這樣看下來，我們對口罩黃牛氣憤難平的原因，似乎不在於「轉售行為」。

那麼，為什麼我們不能容忍黃牛轉售呢？

其實是因為轉售「不當哄抬價格」，僅此而已。

要是黃牛能把用兩千日圓買來的口罩，以一千八百日圓出售，他們應該早就贏得社會的大力讚揚了。若是賣兩千一百日圓，大家應該也願意接受一百日圓的差額，當作是手續費。對於那些沒時間一大早就到藥局排隊的民眾而言，反而還會覺得只要付少許手續費就能在網路上買到口罩的轉售服務，是很值得感恩的機制吧？

也許有的同學會說：「反正我就是不能容忍黃牛，還管它什麼理由？」

但這一點我無法苟同。不論是口罩黃牛，或是其他任何議題，我們既然要批判社會，就必須找到正當的理由作為依據。

圖3-9 「轉售」本身並不是壞事

如果你認為黃牛應受譴責的原因，是出在「轉售行為」本身，那麼政府就必須立法禁止一切轉售行為。如此一來，不只口罩黃牛，就連票券行和二手書店都會從市場上消失……

但當我們弄清楚社會難以容忍黃牛的原因，是「不當哄抬價格」的話，那就只要想出一套法律或機制來禁止這種行為即可。比方說針對高於定價的二手交易課徵重稅，或是將認定為不當轉售的牟利，全數充公，由政府分配給其他民眾等，這些辦法都是比單純禁止轉售更有效。

別忘了提醒自己，要抨擊或禁止任何事情時，都要基於正當理由，否則反而可能會把社會搞得烏煙瘴氣呢！

柏瑞圖準則：只要有人犧牲就是不好的！

但是，黃牛轉售行為的好壞，只能用「社會剩餘」這個標準來評斷嗎？

有人或許會問：「轉售行為會導致消費者剩餘減少，這難道不是壞事嗎？」

嗯，說得沒錯。轉售行為雖然不會改變社會剩餘的多寡，但它的內涵會出現變化——因為這些口罩黃牛的利潤，本來其實是消費者剩餘的一部分。

相較於用「社會剩餘」的總額數字來評斷行為好壞，另一個聚焦於數字內涵的評斷方法，是**柏瑞圖準則**（Pareto Criterion）。當社會上出現某個變化，讓所有人變得比以往更「幸福」時，這個社會變化，經濟學稱之為**柏瑞圖改善**（Pareto improvement）。也就是說，不犧牲任何人的社會變化，就是柏瑞圖改善；反之，只要有任何一個人的「幸福」受到影響，那麼這個變化就不是柏瑞圖改善。

舉例來說，如果有兩位小朋友要共同分享一塊小蛋糕。此時，如果讓其中一位小朋友分得較大塊蛋糕，另一位小朋友分到的蛋糕則變小，這就不是柏瑞圖改善。如果這時再加入另一塊蛋糕，分給兩位小朋友的話，兩人都會變幸福，這就是柏瑞圖改善。

在口罩的轉售行為當中，口罩黃牛賺走了利潤，而我們這些善良的消費者則成了犧牲品，所以這並不是柏瑞圖改善。因此，就柏瑞圖準則而言，口罩的轉售行為是無法被接受的（表3-2）。

重點15 若以柏瑞圖準則來看，轉售口罩是一件壞事。

那麼，我們究竟該以「社會剩餘」為標準，還是該用「柏瑞圖準則」來評斷黃牛的行為呢？這是一個很難回答的問題。乍看之下，柏瑞圖準則的確很有說服力：「只要有任何一個人被犧牲，就不接受這樣的變化。」就道德面而言，這樣的說法很中聽。只要用柏瑞圖準則，大家就可以盡情撻伐轉售牟利的黃牛。

那麼，讓我們換個情境來思考這個問題：假設一個社會中有許多高資產人士和貧窮家庭（圖3-10）。高資產人士擁有龐大的財富，就算整天遊手好閒，也能靠著鉅額的孳息和不動產收入，過著寬裕的生活。另一方

	消費者剩餘	轉售利潤	社會剩餘
無黃牛轉售	10,000日圓	0日圓	10,000日圓
有黃牛轉售	6,000日圓	4,000日圓	10,000日圓
剩餘的變化	惡化 	改善 	不變

表3-2 轉售不會改變整體「社會剩餘」

面，貧窮家庭就連明天吃什麼都沒有著落。於是，政府決定進行「所得重分配政策」，向每位富豪收取十萬日圓，並把錢拿來發給貧窮家庭。

如果從「社會剩餘」的觀點來看，這個政策相當中立，因為整個社會的財富總量不會改變。

但以「柏瑞圖準則」來看，這是一項好政策嗎？所得重分配政策一執行，貧窮家庭「毫不費力」就能變幸福，而「可憐的」有錢人則會被犧牲。由此可知，在柏瑞圖準則之下，所得重分配政策是社會不樂見的事——各位可以接受嗎？

大部分人一定無法接受吧？我也認為所得重分配政策的好壞，用社會剩餘來衡量，

圖3-10 將財富從富裕階層轉移到低收入族群的所得重分配政策，並不符合「柏瑞圖改善」

會比用柏瑞圖準則來衡量更妥當。或許你可能會覺得這兩個標準都不好，想再找新的評斷標準。其實，經濟學中有一門名叫「**公共經濟學**」的領域，就是在為各種政策構思各式評斷標準。

如何決定事情的好壞，是相當艱鉅的任務——因為有些事就像轉售口罩這樣，任誰看來都會覺得「很壞」的行為；但也有些事的好壞，會因評斷標準的選擇而異。然而，我們也不能夠只為了譴責某人，就中途改變評斷標準。

用黃牛逃漏稅，實現所得重分配！

回到我們這一章的主題，口罩黃牛究竟對社會帶來了什麼危害呢？答案是：黃牛搜括囤積，還藉機哄抬價格。

那麼，我們是用什麼觀點來評斷轉售口罩的行為，才會認為它是壞事？答案是：在柏瑞圖準則之下，黃牛的轉售行為會被評斷為壞事。

最後，存在口罩轉售行為的市場，有成功解決稀少性資源的分配問題嗎？答案是：如果用「社會剩餘」來看，轉售行為並沒有損害市場的功能，市場依然發揮了分配稀少性資源的功能。

這件事還有個令人開心的後續。二〇二〇年十一月二十七日，日本國稅廳公布了一項所得狀況的調查報告，對象是從事過網路交易的個人（轉售黃牛等）。結果發現其中約九成都有逃漏稅，追徵稅款的總金額竟高達六十五億日圓※。想必很多口罩黃牛聽到這則新聞，都會嚇得面如死灰吧？嘿嘿嘿，走著瞧！政府可以用這筆追討來的稅收，分配給那些在疫情中受到重創的業界——不論是放在什麼樣的評斷標準之下，這都是好的政策！

※日本政府規定口罩黃牛必須就當年的收入情況於次年的2月16日到3月15日申報所得，並確實繳納所得稅。

第4章

瑞士錶產量為何這麼少？

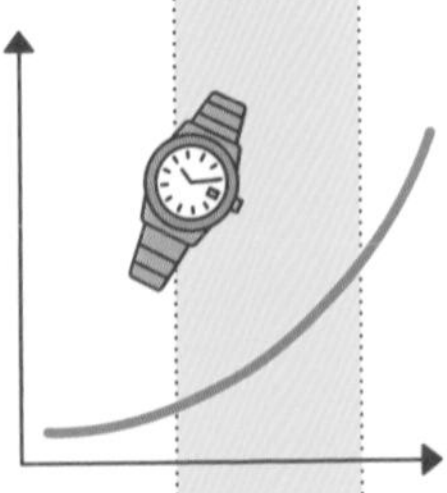

漫步五花八門的手錶市場

在第三章中，我們針對新冠病毒疫情初期爆發的口罩黃牛事件，進行了個體經濟學的分析與評估。不過，當時的口罩市場是史上首度出現的特殊案例，並不是普遍的案例。

因此在本章中，我會帶大家看一些更「普遍」的市場，比方說紅豆麵包、平板玻璃和服飾等財貨市場。這些財貨到處都買得到，沒有出現搜括搶購、轉售等現象，而且有多家廠商在大量生產（這是最重要的一點）。本章要探討的，就是這種尋常市場所具備的特質。

我們先來看「手錶」市場吧。手錶是很常見的財貨，男女老幼都見過，大城小鎮都買得到，而且許多廠商都有生產。

然而，同樣是「手錶」，差別可說是天差地遠，價格從低到高、樣式五花八門。

我個人愛用的，是一隻約兩萬日圓的二手精工牌（SEIKO）手錶。這隻錶已經用了十年以上，它勤懇工作，從沒讓我感受到任何不便，我非常滿意。

有一位瑞士留學生曾經選修我的專題課。他們家世代都是鐘錶師傅，據說每一隻手錶都是純手工打造，所以無論怎麼拚命趕工，一年也只能少量生產幾隻而已。這種手錶一隻要價好幾千萬日幣，一年只要賣出三隻，所有鐘錶師傅就會一起舉辦盛大的派對，為一年的工作劃下句點。

綜上所述，手錶的種類確實是不可計數。然而，在入門等級的個體經濟學當中，我們會選擇完全忽視不同手錶背後的精彩故事與品質差異。有時還會把它們都概括成同一種手錶來看待，化為單一的「手錶」這種抽象的存在。

同質性財貨假設

像這樣忽略產品的特質或品牌價值，將某一範圍內的財貨都當作同一件事物看待，我們稱之為**同質性財貨**（homogeneous goods）假設。這個假設能讓分析變得非常簡單，也更容易看出市場的本質。

重點16 將不同廠商生產的產品，當作完全相同的事物來看待，稱爲「同質性財貨假設」。

當然，根據不同的分析目的，我們還是會在某些情況下明確劃分不同品牌的手錶。比方說，如果想對精工（SEIKO）和卡西歐（CASIO）之間的企業競爭進行經濟學分析，就要把這兩家公司的產品，區分為不同的品牌。這就是所謂的**異質性財貨**（heterogeneous goods）假設。

不過，若要用「異質性財貨假設」進行分析，我們會需要運用難度稍高的知識，例如賽局理論等。因此入門級的經濟學不太會去處理這樣的問題。在本書當中，除非必要，否則都是用

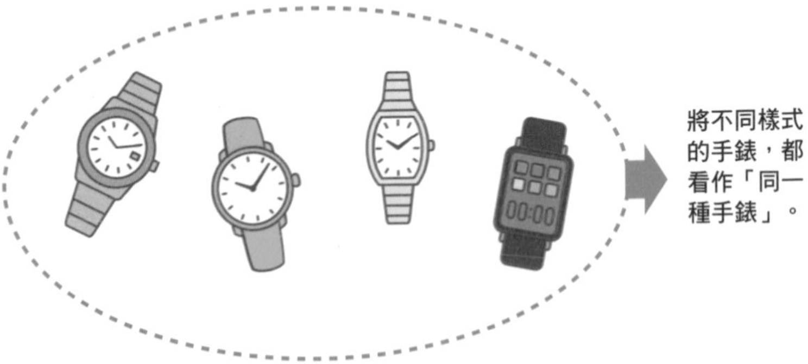
00:00
將不同樣式的手錶，都看作「同一種手錶」。

圖4-1 同質性財貨假設

「同質性財貨假設」進行分析。

供給曲線：表達廠商的生產特質

接下來，我們會使用「同質性財貨假設」，假設多家廠商都生產完全相同的產品。不過，即使是生產相同產品，廠商的生產技術（production technology）也各不相同。有的廠商可以一次大量生產，有的廠商產量雖少，但可以低於其他廠商的成本來生產。為了畫出供給曲線，我們必須要先來思考該如何用圖表呈現出不同廠商的「特質」。

呈現廠商特質的方法很多。在理論上，最複雜、也最具威力的方法，是運用抽象數字，稱為**集合論**（set theory）。此外，也能運用**生產函數**、**成本函數**等**函數概念**方法，儘管後者的一般性稍微不如集合論，但仍相當方便。

這些方法在數學上都已經過千錘百鍊，可供各種分析使用，是很高明的切入方式。但它們終究是數學方法，分析時需要使用「微分」，各位應該不想碰微分吧？

因此，在本書當中，我要介紹一個替代方案，只要用一個「長方形」，就能將廠商「模型化」，表現出不同廠商的特質。這是我個人獨創的方法，各位就算翻遍了其他嚴肅的經濟學教科書，恐怕也找不到。

這一套方法簡單、直覺，可做出與傳統數學方法本質相同的解讀，非常好用！希望各位能正襟危坐，仔細聆聽。

首先請看圖4-2。這張圖上所畫的綠色長方形，呈現的是某家廠商的產能。長方形的長邊代表「廠商一次能生產的產品數量」，稱為**產能**；而長方形的寬邊則代表「廠商生產一個產品所需的成本」，稱為**平均成本**，寬邊的長度以「日圓」為單位。

請各位回想一下剛才介紹過的瑞士高級

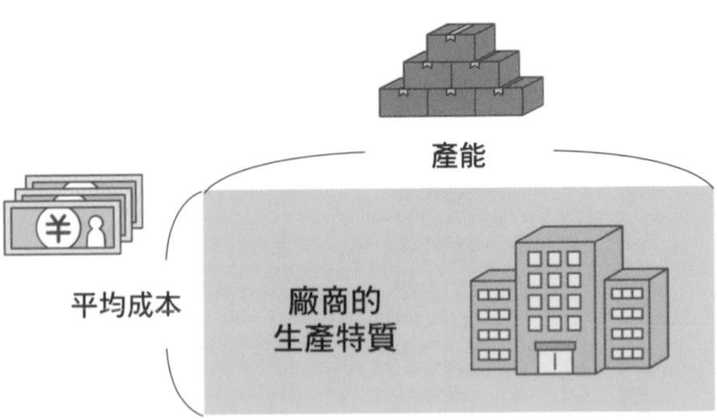

圖4-2 用來呈現廠商生產特質的「長方形」圖

手錶工作室。那個工作室只有幾位鐘錶師傅，每年生產幾隻手錶而已。也就是說，他們的產能很低，且生產的手錶的成本極高，所以這個手錶工作室的長方形會呈現垂直細長的條狀。至於像精工這樣的大企業，每年都會大量生產較平價的手錶，所以該企業的長方形會呈現寬而扁的水平形狀（圖4-3）。

重點17

廠商的生產技術可用不同的「長方形」來表示，長邊代表該廠商的「產能」，寬邊代表生產一個產品的「平均成本」。

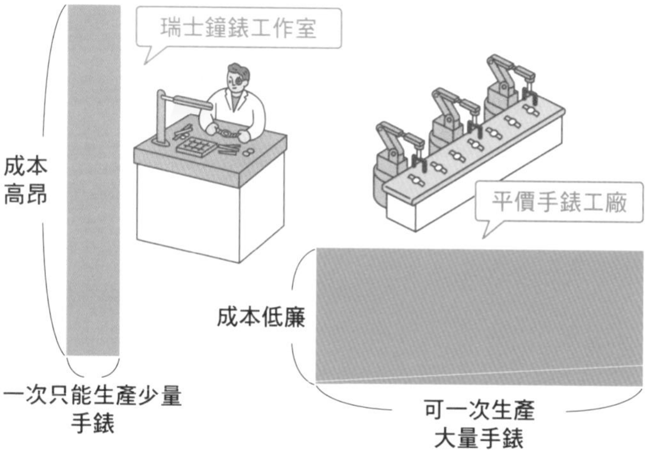

圖4-3 將不同手錶廠商的生產技術特質，用「長方形」來表示

排列「長方形」，得到供給曲線

我們再以手錶市場為例。假設現在有A、B、C、D四家廠商投入市場，這四家廠商的生產技術，分別用四個長方形來表示。**只要將這些長方形依寬邊長度由短到長排列，就能畫出該項產品的供給曲線。**

表4-1具體整理出了每家廠商的生產技術。A公司每次可生產一千隻手錶，且每隻平均成本只要一千日圓。相對地，D公司一次只能生產四百隻，平均生產成本則高達四千日圓。由於我們假設所有廠商生產的都是同質性財貨，所以D公司生產的並不是比較高級的手錶，而是他們的生產技術遠不如A公司。原因可能是D公司的生產設備性能不

廠商	產能	平均成本
A公司	1,000隻	1,000日圓／隻
B公司	800隻	2,000日圓／隻
C公司	600隻	3,000日圓／隻
D公司	400隻	4,000日圓／隻

表4-1 手錶廠商的生產技術表

如其他公司，或是製程有浪費，或是有員工貪汙……。

接下來，我將表4-1改以長方形呈現，如圖4-4。廠商的生產技術越是卓越，畫出來的長方形會越呈現橫長條；生產技術越是拙劣，畫出來的長方形會越呈現細長條。最後，我們把這四個長方形依生產技術卓越到拙劣，也就是寬邊由短到長的順序排列，如圖4-5所示。**這就是手錶的供給曲線**。

為什麼只要排列這些「長方形」，就能畫出供給曲線呢？

供給曲線想表達的，是「當價格下跌，供給量就會減少」這個極其理所當然的常識。舉例來說，假設市場上的手錶價格是三千五百日圓。在圖4-6當中，我們用高度相

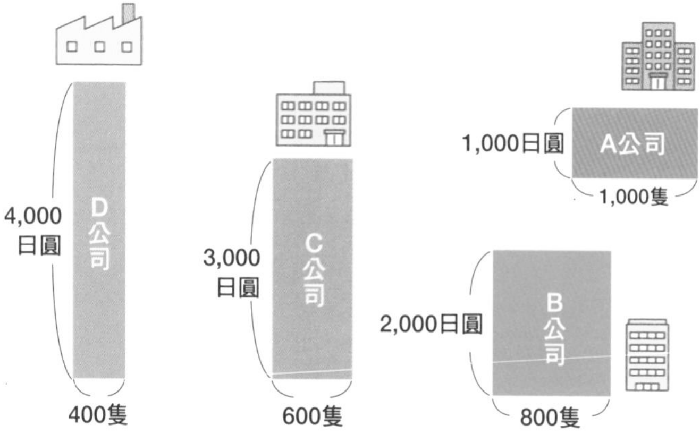

圖4-4 用表4-1製作出的「長方形」圖

當於三千五百日圓的橫線，來表示這個價格水準。

此時Ｄ公司的長方形，頂端會超出價格的水平線——因為Ｄ公司投入四千日圓的成本生產產品，成本高於價格，會出現虧損，所以Ｄ公司會選擇停產，退出市場（若不主動退出市場，則會因為虧損不斷累積而倒閉，被強制驅逐出市場）。

另一方面，Ａ、Ｂ、Ｃ三家公司的長方形高度，都比價格水平線低，所以這三家公司可賺得盈餘，留在市場裡。這三家公司的生產活動，總計可生產兩千四百隻手錶。

當手錶的市場價格跌到兩千五百日圓時，價格水平線的位置也會跟著下降（圖4-7）。如此一來，Ｃ公司的長方形頂端就會突出於水平線之上，陷於虧損，最後退出市場。結果只會剩下Ａ

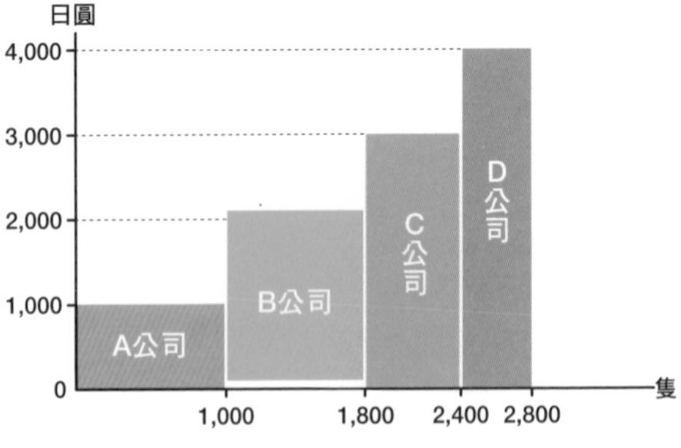

圖4-5 將圖4-4的「長方形」由低至高排列

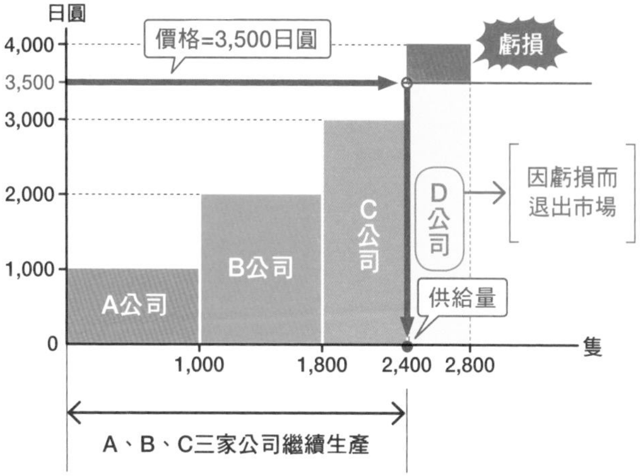

圖4-6 當價格為3,500日圓時，市場供給量為2,400隻手錶

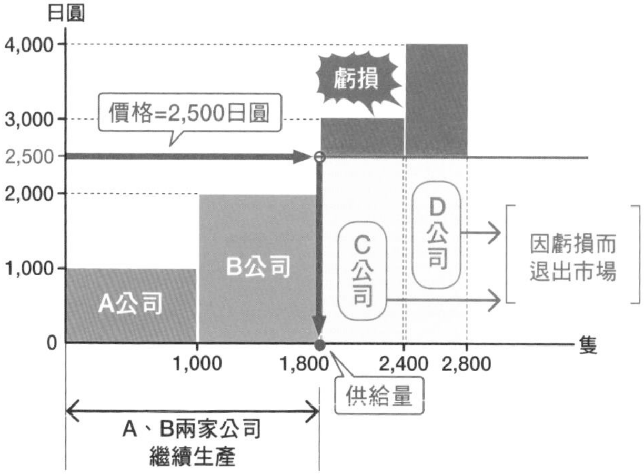

圖4-7 當價格為2,500日圓時，市場供給量為1,800隻手錶

和B公司，合計為市場供應一千八百隻手錶。

如果市場價格再下探，跌到低於一千日圓時，所有公司都會停產，手錶的供給量也會歸零。

綜上所述，當廠商的長方形頂部高於市場價格的水平線時，廠商就會退出市場；當長方形頂部低於水平線時，廠商就能存活，並持續進行生產活動。一旦價格確定，產品的總供給量也會跟著確定——這就是所謂的供給曲線（圖4-8）。

重點18 **把用來呈現廠商生產技術的長方形，依平均成本由低至高排列，就是供給曲線。**

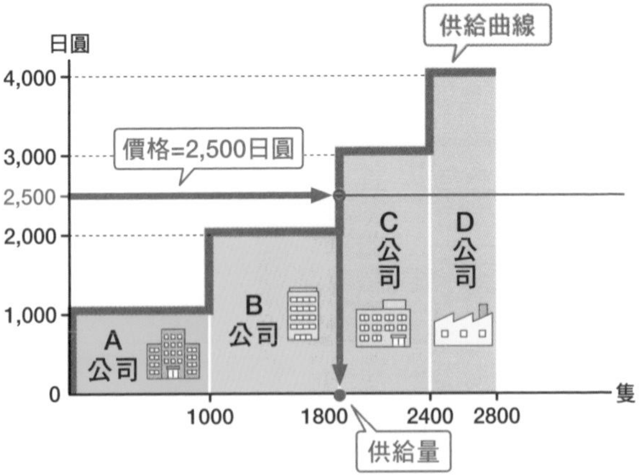

圖4-8 將「長方形」圖由低到高排列，就是供給曲線

仔細探究供給曲線，我們會發現「市場」這個機制有多麼險竣，廠商隨時都有可能被逐出市場。各位讀者是否有人也想起了自己任職的公司，而感到背脊發涼呢？

價格與成本一樣時，廠商還會生產嗎？

經過前面的說明之後，一定會有人很想問：

「如果產品價格和平均成本相等時，會發生什麼事？」

這世上就是有人喜歡了解一些雞毛蒜皮的事——我也是這種人。如果你是認為「老子才不在意！」這類豪邁的人，那接下來的段落可以跳過，先往下讀也無妨。若你真的很想了解這個問題，那麼就請看圖4-9。

圖4-9畫出了市場價格剛好是兩千日圓時的情況。長方形的頂端超出水平線的C公司和D公司，已經退出市場；頂端還在水平線下的A公司，則是持續生產、賺取利潤。然而，平均成本剛好是兩千圓的B公司，究竟會怎麼做呢？

對B公司而言，此時是以兩千日圓的價格，銷售花兩千圓成本生產的產品，所以退出市場也行，留在市場也無妨。像這種不論怎麼選，結果都一樣的情況，在經濟學上稱為**無異**——因為對B公司而言，不論是留在市場或退出，是兩個毫無差異的選擇。

經濟學上認為，此時B公司的生產將是被動的。換言之，就是當顧客對B公司產品有需求、前來購買時，B公司才會在接單後，生產相應的數量。如果沒人來買，B公司就什麼都不生產，大家悠哉睡午覺打發時間……沒錯，就是這樣貫徹消極態度，一切都取決於顧客。此時，B公司產量最多可達產能上限的八百隻，最低則是零。至於實際要生產多少，則取決於顧客。

此時，市場整體供給量最多是一千八百隻，最少則是一千隻。至於在這個區間範圍

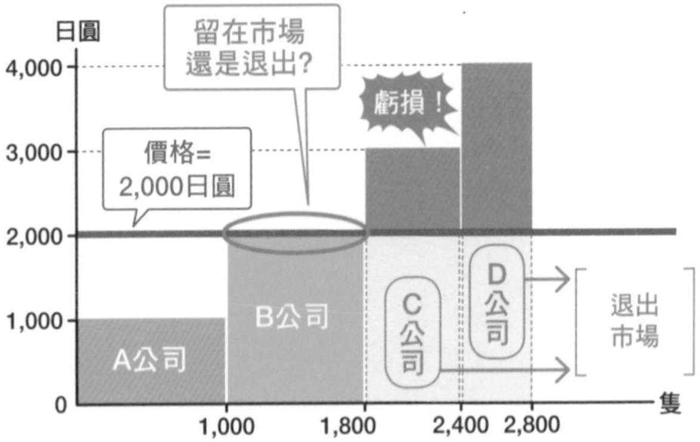

圖4-9 當市場價格剛好2,000日圓時，B公司的產量取決於消費者

內實際會達到多少供給量，將取決於需求曲線的位置。

擁有多家工廠的企業

讓我們再稍微延伸前面的案例，來想想「如果一家企業擁有多處工廠」的情況。以日產汽車公司（NISSAN）為例，在日本國內就有福島、栃木、神奈川等六處工廠，在海外十六個地區更設有生產據點。

像這種擁有多個生產據點的企業，生產技術就要用多個長方形來表示。假設圖4-10呈現的這家企業，旗下擁有a、b、c三座工廠，三者的產能和平均成本各不相同。當

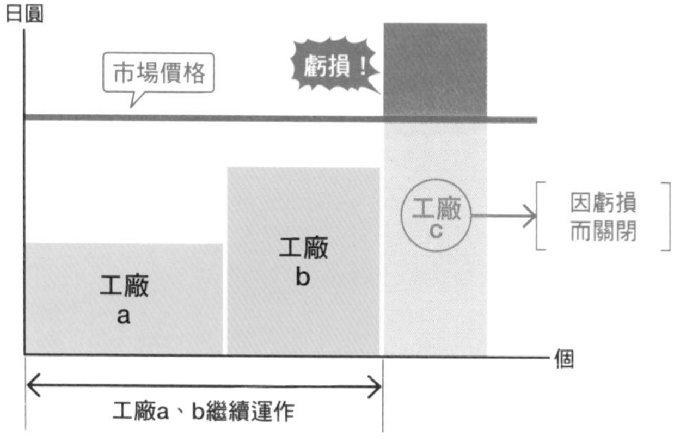

圖4-10 用「長方形」圖，描述擁有多家工廠之企業的生產模型

市場價格是圖中的藍色水平線時，工廠c的頂端就會高於水平線。這表示工廠c只要一運轉，這家企業的虧損就會增加。於是企業決定關閉工廠c，只留工廠a和b正常運作。所以這家企業整體的供給量，取決於工廠a、b生產的產品合計數量。

像這樣仔細拆解一家企業內部的狀況，經濟學家就能得到一個貼近實際生產活動的模型。若要再深入拆解，就會用到個體經濟學的標準分析工具——**生產函數**和**成本函數**等概念。本書以「長方形」作為呈現廠商生產活動的模型，其實就是將「成本函數」概念簡化後的產物。

生產者剩餘：投入市場我能賺多少？

既然供給曲線是由廠商的「長方形」排列而成，那我們接著就可以從供給曲線的形狀，看出「市場在廠商眼中的價值」；簡而言之，就是評估廠商進入該市場後，可望賺得的利潤。

圖4-11呈現的，是表4-1所列出的A、B、C、D這四家廠商的供給曲線。若以

兩千五百日圓作為市場價格，並畫出水平線之後，就可得知C公司、D公司將退出市場，A、B則會繼續營運。

此時，A公司將賺進多少利潤呢？讓我們來算一算。A公司生產一個財貨的平均成本是一千日圓，而這項財貨目前的市場價格是兩千五百日圓，所以每供應一個財貨，就能賺得以下的金額：

2500－1000＝1500（日圓）

若A公司將所有產能都供給到市場上，那麼獲利的總額（**利潤**）就是一百五十萬日圓（見下頁公式）。

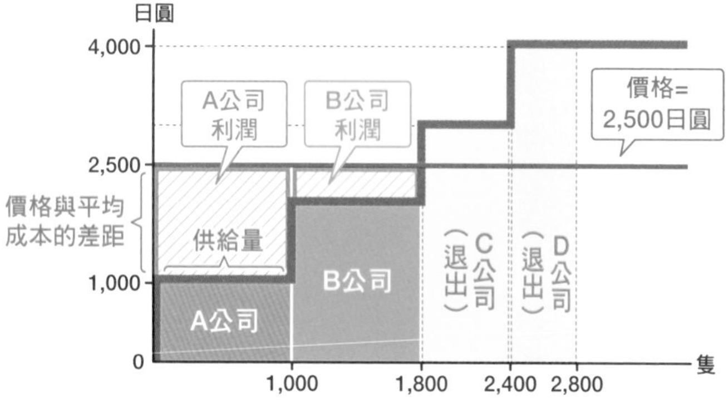

圖4-11 廠商利潤圖（斜線區域即為利潤）

（2500－1000）×1000＝150萬（日圓）

這裡我簡單地假設廠商供應的財貨全都銷售一空。實際上當市場達成均衡時，廠商所供給的財貨確實會全數賣出。

同樣地，當市場價格為兩千五百日圓時，可算出B公司賺得的利潤是四十萬日圓：

（2500－2000×800＝40萬（日圓）

接著，請你再看看圖4-11。你可以從圖中看出A、B兩家公司各賺得了多少利潤嗎？廠商的利潤是用市場價格和平均成本的差額乘上生產量，所以A、B兩家公司的利潤，可分別用圖中的斜線面積來表示！

A公司和B公司投入市場後所賺得的利潤合計金額，在經濟學上稱之為**生產者剩餘**。生產者剩餘是用價格水平線和供給曲線所圍出來的區域，來表示廠商眼中的市場價值。

生產者剩餘越大的市場，廠商能賺得的利潤越高，是充滿甜頭的市場。

供給曲線和需求曲線一樣，都是廠商的數量越多，圖表的精細度越好，也就能越趨近名副其實的平滑曲線。這時，生產者剩餘可用價格水平線和供給曲線所圍出來的區域面積來計算（圖4-12）。

重點19 **將市場上進行生產的各家廠商利潤加總起來，就是「生產者剩餘」。市場價格線和供給曲線所圍出來的區塊面積，就是生產者剩餘的面積。**

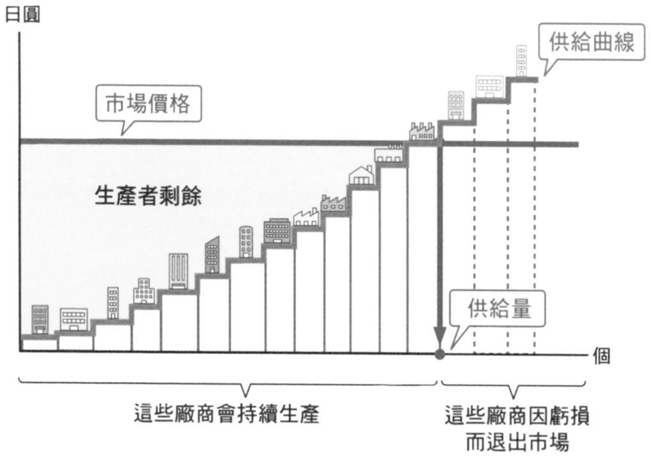

圖4-12 供給曲線和生產者剩餘

社會剩餘：數字愈大，市場愈值錢

如前所述，「消費者剩餘」是從消費者觀點看到的市場存在價值，「生產者剩餘」是對廠商而言的市場甜頭。將這兩者加總起來，就是「社會剩餘」（social surplus），代表市場在所有參與其中的經濟主體心目中的存在價值。

將財貨的需求曲線和供給曲線繪製到同一張圖中，就會如圖4-13所示。倘若這個市場滿足完全競爭的假設，那麼需求曲線和供給曲線的交點，就會達到完全競爭市場均

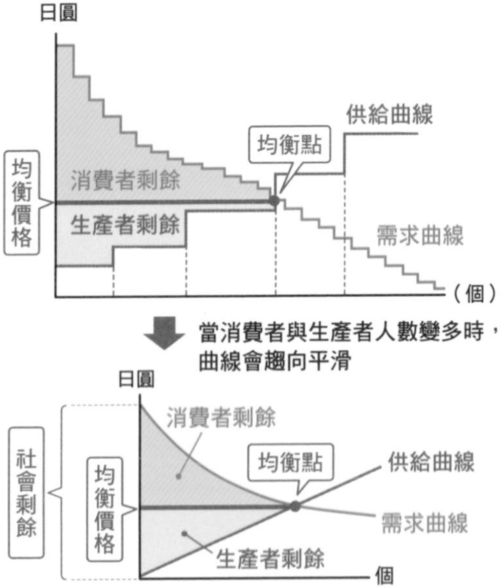

圖4-13 市場均衡與社會剩餘

衡，進而訂定出財貨的市場價格。市場價格確定之後，消費者剩餘和生產者剩餘也會固定下來。**消費者剩餘和生產者剩餘的合計數值，就是這個市場的社會剩餘。**

這裡我再稍微補充一下。在完全競爭市場均衡狀態下，消費者和供給者對財貨的需求和供給是一致的。也就是說，想要該項財貨的消費者都能獲得滿足；生產該項財貨的廠商也能全數賣完。這就是我在前面提到的「廠商供應的財貨全都銷售一空」這個假設的意義（見第八十四頁）。

社會剩餘的多寡，等於這個市場所創造出來的財富總額，也代表市場本身的存在價值。這項指標讓經濟學家能用金錢來衡量社會因為市場的存在，而變得多富裕。社會剩餘越多，就代表該市場對社會越重要。

重點20 **「消費者剩餘」和「生產者剩餘」的總和，稱爲「社會剩餘」。社會剩餘的多寡，可用需求曲線和供給曲線圍成的區塊面積來計算。**

為什麼兩個剩餘要加總？

我每年都會在為大一同學開設的入門課程中，介紹社會剩餘的概念。然而，有一年，一位學生提出了以下問題：

「獲取消費者剩餘和生產者剩餘的對象明明就不同，為什麼要加總？」

這是一個好問題！

消費者剩餘是需求方主觀的滿足感，生產者剩餘是廠商利潤的總額。既然如此，兩者的合計代表什麼意義呢？它們真的可以相加嗎？這些問題都很一針見血。那麼，就讓我們來想一想：為什麼要這兩者可以加總？這個問題的關鍵，在於「生產者剩餘究竟屬於誰」？

生產者剩餘是廠商的利潤，而在資本主義經濟當中，企業的擁有者是股東。換言之，廠商利潤最終的歸屬，是持有股票的消費者。因此，消費者可以享受到三種來自市場的恩惠：

❶消費由廠商供給的財貨，品嘗滿足的滋味。

❷獲得消費者剩餘。
❸獲得廠商所發放的利潤分紅。

其中，消費財貨獲得的滿足感已與支付的費用相抵消。然而，消費者剩餘和分紅則是在購物、付費後，還會留在消費者手中。因此，消費者從市場上獲取到的價值總額，才會用消費者剩餘和生產者剩餘的加總金額來計算。

第5章 如何讓小寶寶都有奶粉喝？

奶粉的悲歌

事情發生在二〇一九年一月。

一名兩個月大的小寶寶，被送進了日本S市的急診室。急診醫師拚命搶救，最後小寶寶仍回天乏術，宣告不治。死因是嚴重營養不良所導致的衰竭。

警方認為全案有放棄育兒導致虐嬰之嫌，便逮捕了小寶寶的母親——她是位單親媽媽，除了不幸身亡的小寶寶之外，還撫養三個孩子。偵訊時，她供稱：「我沒錢買奶粉。」

實際上，這位母親在落網時，身上的確沒有現金，銀行帳戶餘額也幾乎見底。

根據日本總務省的調查，學齡前兒童平均一年的開銷超過八十萬日圓（約新台幣十八萬元），如果送到托兒所或幼兒園，開銷更超過一百二十萬日圓。對於這位孤立無援、要撫養四個孩子的媽媽來說，一罐八百公克裝、要價約兩千日圓的奶粉，確實是貴得買不起。

奶粉是極為普遍的財貨，在每個市場上都有流通。市場中既沒有惡質的轉售黃牛，也沒人搶購囤積、哄抬價格。在日本眾多的財貨市場當中，我認為奶粉市場堪稱楷模。然而，就連這樣的楷模市場，都還是發生了憾事——兩個月大、最需要奶粉的消費者，沒有奶粉可喝。這個事實，或許就在暗示「財貨分配不能只靠市場」的道理，政府有時需要祭出更積極的政策。

因此在本章當中，我們要來思考該如何干預奶粉市場，才能毫無遺漏地把奶粉送給每一位小寶寶和媽媽，還要講解因市場干預所衍生的「無謂損失」這個概念。在此之前，謹先向不幸殞落的小生命默禱片刻，願他離苦得樂。

兩種市場干預政策：價格管制、數量管制

言歸正傳。現在的問題是：對貧窮家庭而言，奶粉的市場價格過高。

政府究竟可以用哪些方法來干預市場呢？讓我們先來整理一些較具代表性的方

法。

其中一個方法是政府強制要求生產者調降奶粉價格。也就是說，政府強迫生產者降價到貧窮家庭也能負擔得起的價格，例如降到一罐約五百日圓。像這種由政府直接操作財貨價格的政策，就是所謂的**價格管制**（Price Control）。像是菅義偉內閣時期（西元二〇二〇～二〇二一年）就曾籲請電信業者調降行動通訊費率，以及日本早期的最低薪資規定等，都是價格管制的案例。又或者是在幾十年前，日本的米糧價格是由政府訂定。當局為了讓每位國民都有飯吃，將米糧的售價壓得很低。

除了價格管制之外，政府也可以干預廠商的生產數量。也就是由政府下令，要求廠商大量生產奶粉，讓每個家庭都買得到。這種干預市場的方式，我們稱之為**數量管制**。在日本的財貨、服務市場上，合成毒品、殺人武器和由專業人士所提供的暗殺服務等，都禁止交易——我們可以把這視為將流通量嚴格控制在「零」的數量管制。至於鮪魚和鰻魚等海鮮漁獲的捕撈量限制等，則是另一種比較溫和的管制。

反之，設定流通量的下限，或是促進一定程度以上的財貨數量在市場流通，也是一種數量管制。

政府介入，奶粉市場反而更糟？

接著，我們來評估一下：當政府祭出干預政策，將奶粉價格強制調降到連貧窮家庭都能輕鬆買得起的價格時，會產生什麼效果？

首先，我們將所有奶粉都視為同質性財貨。但實際上，各家廠商都推出了不同品質、包裝的奶粉。不過，我們先假設市場上就只有一種名叫「奶粉」的財貨存在，多家廠商都生產、供給相同的「奶粉」。

而各家廠商生產奶粉的技術水準各不相同，我們假設有A、B、C、D、E五家廠商在生產奶粉，各廠商的生產技術如表5-1所示。為求簡化，我們將每家廠商的產能，

圖5-1 政府對市場的兩種干預模式

都設定為一千罐，只有生產的平均成本各不相同。接著再根據這張表，畫出圖5-2的供給曲線。

如果把奶粉的需求曲線放到同一張圖表上，我們就可以用這兩條曲線的交點找出市場均衡。在這張圖上，奶粉的均衡價格是兩千日圓，均衡數量為四千罐。假設此時社會上出現「奶粉一罐兩千日圓太貴，實在買不起」的抗議聲浪，政府決定出面干預，將奶粉的價格調降到一千兩百日圓。

這時候會發生了什麼事呢？

一旦市場價格降到一千兩百日圓，C、D和E公司就會陷於虧損，被迫退出市場。於是在實施價格管制之後，仍能留在市場上繼續供給財貨的，就只有A和B而已。供給

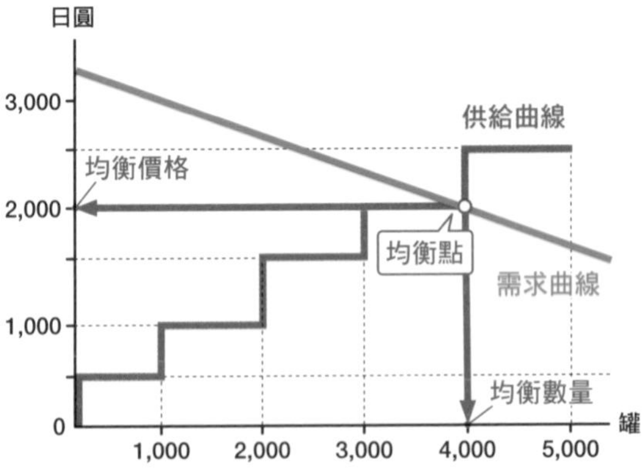

圖5-2 奶粉市場模型

廠商	產能	平均成本
A	1,000罐	500日圓／罐
B	1,000罐	1,000日圓／罐
C	1,000罐	1,500日圓／罐
D	1,000罐	2,000日圓／罐
E	1,000罐	2,500日圓／罐

表5-1
五家奶粉廠商的生產技術表

到市場上的奶粉數量，會從四千罐減少到兩千罐（圖5-3）。換言之，能買到奶粉的消費者，人數會越來越少。政府原本是為了讓貧窮家庭也能有奶粉可用，才調降價格，結果反而造成更多家庭都買不到奶粉了！

此時，市場上會出現以下景況：藥妝店的奶粉區確實貼著「一罐一千兩百日圓！」的標價，但貨架上空空蕩蕩，不知何時奶粉才會到貨。也就是說，縱然價格再怎麼便宜，都沒人買得到，所以政府對市場實施價格干預，並無法讓每個家庭都購買到奶粉。

重點21 **一旦政府實施價格管制、強制調降價格，儘管市場價格會變便宜，但也會導致財貨供給量下降。**

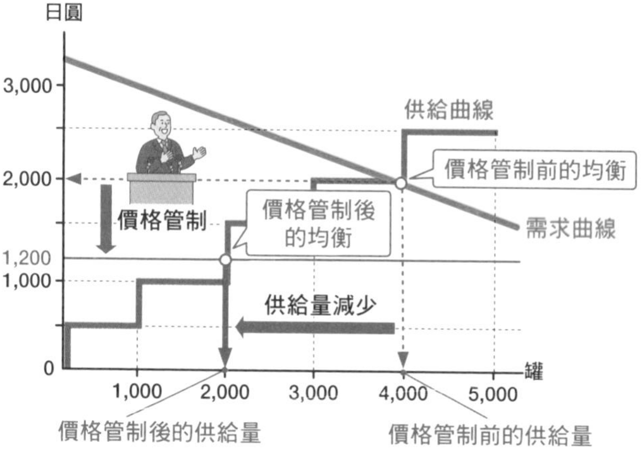

圖5-3 價格管制的效果

當我講解完價格管制會導致的結果後，有時學生會建議：

「政府可以在管制價格的同時，強制要求廠商照常生產財貨呀！」

但是，這樣做太魯莽了！C、D和E公司並不是刻意要找消費者的麻煩，才不再生產，他們其實也很想繼續經營下去，但因為政府實施價格管制，導致不堪虧損，所以只好忍痛退出市場。如果勉強把他們留在市場裡，要求他們繼續生產，奶粉部門的虧損就會持續累積，總有一天會倒閉。最後，只是徒增更多需要救助的貧窮家庭。

無謂損失：比不做事還更慘

現在我們知道，政府的降價政策不一定能救助貧窮家庭。接著，我想要試著用社會剩餘的觀點，重新解讀這個案例。

在圖5-4當中，（i）是導入價格管制之前的市場均衡與社會剩餘，（ii）則是導入管制之後的變化。實施價格管制前，需求曲線和供給曲線圍出了一個類似三角的形狀，是社會剩餘；相對地，在實施價格管制後，只剩流通量到兩千罐為止的範圍能計入社會剩餘。由此可知，價格管制會使得社會剩餘縮水。

像這樣因為執行某些政策，而使得社會剩餘較原先大幅縮水的情況，我們會把縮水的部分稱為**無謂損失**（deadweight loss）。價格管制政策一定會產生無謂損失，對整個社會帶來負面影響。無謂損失主要由以下兩者組成：「因流通量下降而買不到奶粉的消費者怒吼」，和「因虧損而被迫退出市場的廠商悲哀」。原本政府以為價格管制政策對貧窮家庭有益，結果從社會剩餘的觀點來看，卻以徒增怒吼與悲哀收場。

重點22 **執行政策所造成的社會剩餘縮減，就是該項政策的「無謂損失」。透過價格管制來進行市場干預，一定會製造出無謂損失。**

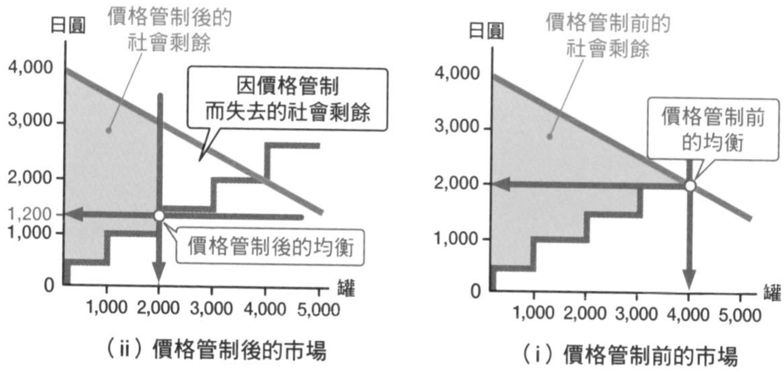

圖5-4 價格管制對社會剩餘所造成的影響

管制奶粉價格不是好政策，那補助呢？

奶粉價格調降政策以失敗收場，那政府還有其他可用之計嗎？另一種比價格管制稍微間接且溫和的價格干預政策，是由政府發放購買奶粉所需的款項給消費者，也就是**補助政策**；或者是採用「配給制度」，直接交付奶粉給消費者；又或是發放「生產補助」給廠商，而不是以家庭為補助對象，這三種方法都是可行的。

以下我們就聚焦在消費者價格補助政策，來檢視它的效果。

假設政府推出了一項政策，每月發放給所有消費者一千日圓的「奶粉購買補助」。為了簡化分析，我們假設政府統一發放同額補助給所有育有子女的家庭（在現實情況中，政府一般是推出只發放給貧窮家庭的補助政策，但後者分析難度較高，且兩者結論差不多）。此外，這份補助只限於用來購買奶粉。

收到這份補助之前和之後，消費者的行為會出現什麼變化呢？

我們先來看看奶粉市場中的F媽媽家（圖5-5）。假設F媽媽對奶粉的最高願意支付金額（第三章介紹過的經濟學專業術語）是一千五百日圓，當她收到政府發放的一千日圓奶粉券之後，她對奶粉的最高願意支付金額就會上升為：

1500＋1000＝
2500（日圓）

換言之，所有參與市場的消費者，都會發生以上變化。

重點23 發放補助給消費者的價格補貼政策，會推升消費者的最高願付金額。

只要將消費者的最高願意支付金額由高至低排列，就會形成需求曲線。倘若所有消費者的最高願意支付金額，都因為領取補助而增加了一千日圓，此時奶粉的需求曲線就會剛好上移一千日圓（圖5-6）。

我只願意花
1,500日圓
買一罐奶粉…
奶粉
1,000 日圓
奶粉補助券
發放
補助後
奶粉
我最多能
付2,500日圓
買一罐奶粉！

圖5-5 補助政策會提高消費者的最高願意支付金額

重點24 發放補助給消費者後，補助金額會推升需求曲線。

普發現金：讓大家都有能力買

需求曲線位移，會對市場帶來什麼影響呢？讓我們用圖5-6來仔細分析。

奶粉的需求曲線上移一千日圓，會使得奶粉的均衡價格從兩千日圓上升到兩千五百日圓，流通量則從四千罐上升到五千罐。流通量的增加，意味著以往買不起奶粉的消費者，都已經買到奶粉。尤其是像圖5-5中的F媽媽家，在發放補助前，她根本買不起貴得高不可攀的奶粉；但在發放補助後，她就

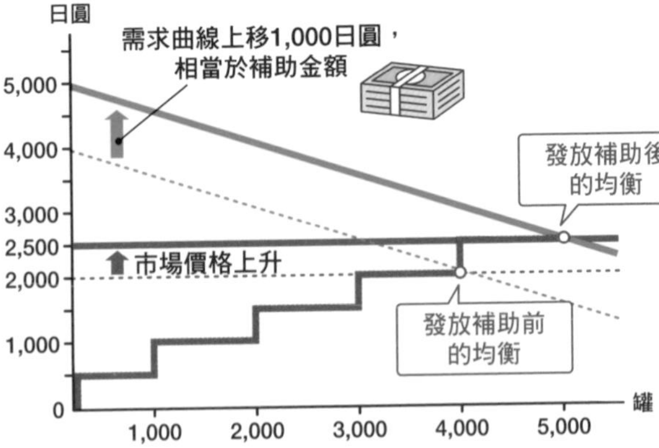

圖5-6 發放補助會讓需求曲線上移

能剛好買得起。多虧這筆補助金，F媽媽家的小寶寶也有奶粉可喝了。原本祭出價格管制卻仍無法達成的政策目標，如今靠著補助政策成功達陣！

重點25 **發放補助給消費者之後，市場均衡價格就會上升，均衡數量也會隨之增加。**

綜上所述，我們可以得到以下結論：如果想把奶粉送進貧窮家庭，發放購買補助，會比調降奶粉價格更有效。

奶粉價格上漲，一定是廠商圖利嗎？

這裡要請各位特別留意，發放補助後，會造成奶粉價格上揚的現象。現實社會裡一旦發生這種事，就會有人跳出來抗議：

「政府補助明明是要用來幫助消費者的，廠商竟然趁機搭便車漲價，搾乾民眾領的補助？真糟糕！」

「政府圖利廠商！操控奶粉市場利益！」

政府原本是為了幫助貧窮家庭才發放補助，如果廠商立刻跟著漲價，的確會讓人有點火大……但是，補助政策所造成的價格上揚，絕非廠商惡意為之。如圖5-6所示，奶粉價格上揚的背後，其實隱藏著以下的故事脈絡：

❶政府發放補助之後，消費者就會比以往更積極地購買奶粉，使得奶粉熱銷，導致市場出現供應量不足的狀態。

❷供應量不足，會造成奶粉價格開始上漲（市場的價格調整機制）。

❸奶粉價格上揚，讓以往無法參與奶粉市場的廠商得以投入市場，帶動奶粉供給量增加。

❹供應量不足的問題緩解之後，價格調整就會告一段落，市場會在新的均衡狀態下回穩。

簡而言之，補助是透過推升奶粉價格，吸引新廠商投入市場，布下讓廠商願意生產奶粉的「誘餌」。所以，這裡的財貨價格上升，並不是廠商惡意漲價。

社會剩餘：只要有干預，必定變少

既然已透過實施補助政策，成功達成「將奶粉送進貧窮家庭」的政策目標，那我們接著就要從社會剩餘的角度，來分析一下這項政策的效果。

請看圖5-7。這組圖呈現了補助發放之前和之後的市場狀態。相比之下，可以看出發放補助金讓消費者剩餘和生產者剩餘都增加了。儘管奶粉價格因發放補助的副作用而呈現微幅上揚，但各家庭的實質負擔都較以往減輕。不僅如此，連以往買不起奶粉的那些家庭，現在都有奶粉可用。從消費者的觀點看來，這項政策似乎是百利而無一害。

那麼對生產者而言，補助政策帶來什麼變

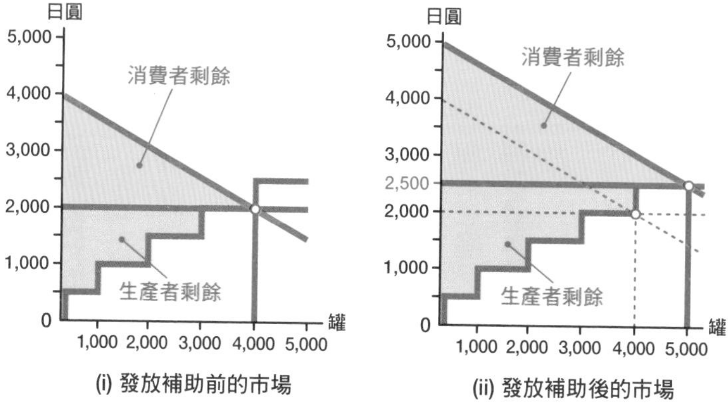

圖5-7 補助政策對社會剩餘的影響

化呢？生產者雖然沒有領到補助，但這些補助讓他們可以用比以往更高的價格，供應更多奶粉。原有廠商的利潤增加，新投入市場的廠商也能獲利。從生產者的觀點來看，這項政策也是好處多多。

因此，這項補助政策即使是從剩餘分析的觀點來看，也非常成功。

不過，我們都忘了一件很重要的事——那就是「補助政策的財源從哪裡來？」這個問題。

補助是由政府發放，而政府的財源是租稅。換言之，實施奶粉補助政策，其實就意味著遲早要加稅。那麼負擔稅金的又是誰呢？沒錯，就是我們這些消費者。

因此，用「剩餘」的概念來衡量補助效果時，不能只考量消費者剩餘和生產者剩餘的增減，還要計算遲早會發生的租稅負擔。也就是說，我們必須用以下這樣的方式，重新定義社會剩餘：

社會剩餘＝消費者剩餘＋生產者剩餘－執行政策所需的成本

而這個案例中，為了執行補助政策而需要準備的財源是：

1000日圓（平均購買一罐奶粉的補助）

×5000罐（奶粉的總消費量）

＝5000萬日圓

這筆五百萬日圓的金額，在圖5-8當中可用平行四邊形的面積來表示。

平行四邊形的面積，會比補助政策所帶來的消費者剩餘及生產者剩餘增加（圖中的淺綠色面積）更多。因此，我們會得到一個很悲哀的結論：「儘管補助政策會帶來消費者剩餘和生產者剩餘的增加，但加稅所造成的負面影響，程度更勝一籌。」或者我們也可以換個說法：「補助政

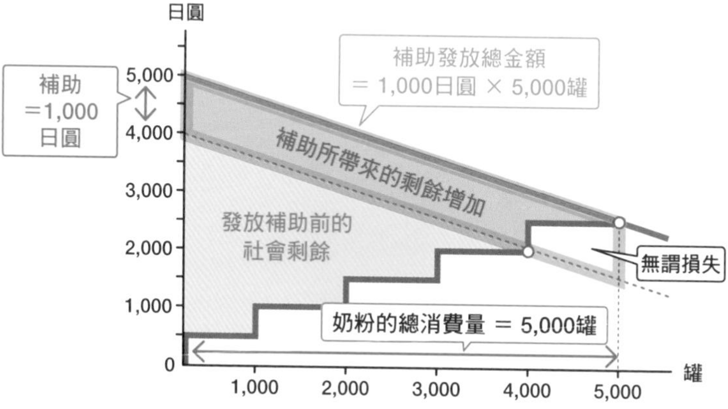

圖5-8 補助政策也會帶來無謂損失

策只能創造出低於補助發放金額的效果。」

經濟效率：完全交給市場才符合效率

整理一下我們截至目前為止得到的結論。

首先，實施價格管制，並強制調降奶粉價格後，廠商會退出市場，導致產量驟減，社會剩餘也隨之減少。

如果執行補助政策，消費者剩餘和生產者剩餘都會增加，但租稅負擔會增加更多，故就整體社會而言，社會剩餘會減少。

那麼，難道沒有任何可增加社會剩餘的政策嗎？其實，這樣的政策「根本不存在」——因為政府完全不干預市場，讓需求曲線和供給曲線來決定價格與數量的「完全競爭市場均衡」，才是社會剩餘極大化的狀態！

再怎麼精心設想的市場干預，其社會剩餘增加的程度，都不可能比「完全競爭市場均衡」的狀態下還多——因為市場干預必定會帶來無謂損失（即將來會造成的租稅負擔）。所以，只要是以社會剩餘來作為判斷優劣的標準，那麼最好的政策就會是：

「什麼都不做，交給市場機制決定。」

這個定律，在個體經濟學上稱為**完全競爭市場均衡的效率**。

重點26 完全競爭市場均衡的狀態下，才能達到最大的社會剩餘。任何市場干預措施，都無法增加社會剩餘。

這樣的結果很令人震驚，對吧？我們小老百姓不是都對政府懷著各式各樣的期待嗎？希望擴大實施高中免學費方案，要求政府針對特定疾病的治療提供補助……等等。這些期待，個別來看都非常合理，可是政府一旦回應民眾的這些期待，開始干預市場時，社會剩餘反而會縮水。

「所以意思是說，就連對貧窮家庭的救助，最好也都不要做嘍！」

不不不！我不是這個意思。

經濟學家想要表達的，只是「不花費任何經濟成本就能執行的干預政策，並不存在」，以及我們懂得思考「政府所獲得的政策效果（例如讓小寶寶得以活命），是否符合投入成本」。

也請各位千萬別忘了干預政策真正的目的。政府干預奶粉市場的目的，是為了解決以下悲劇——將稀少性資源的分配問題交給市場機制，結果導致社會上發生新生兒不幸喪命的重大案件。換言之，極大化社會剩餘，並不是推行這項政策的目的。

救助遭到市場排擠的經濟弱勢，本質上就應該是不計盈虧的事業。如果救助弱勢還能有盈餘，民間企業早就替政府解決這些問題了！

因此，我們不能只以經濟效率（economic efficiency）來判斷政府推動的各項政策——我認為只要有民眾能少流一點淚，那麼即使是虧損的公共事業，仍是有意義的政策。

第6章

為什麼香菸課稅特別重？

菸、酒、汽車……那些會殃及他人的財貨

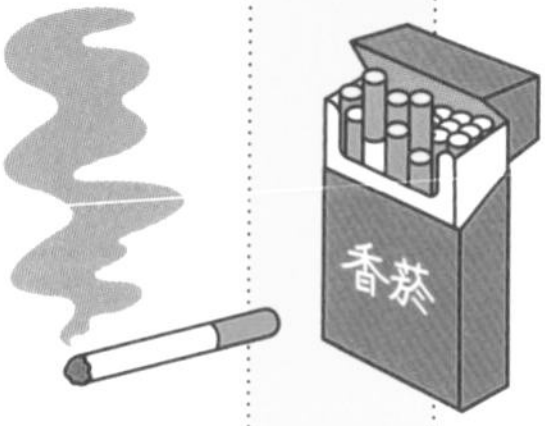

各位喜歡抽菸嗎？

我實在是很不喜歡菸味。除了自己絕對不抽之外，光是有人在我周遭抽菸，就會覺得很痛苦。要是走進了可吸菸的餐廳，更是會打從心底難以忍受。看到街上菸蒂丟得到處都是，也會覺得很煩。

除了菸之外，我也很討厭西瓜和吐司麵包。因為我實在搞不懂為什麼吃西瓜得要那麼辛苦地挑除西瓜籽，吐司麵包則是會吸走我嘴裡的水分。

然而，如果我不喜歡西瓜和吐司麵包，我只要不吃就好；朋友在我面前吃，我也不會覺得不舒服。但菸可就不一樣了。如果一起聚餐的朋友說要「飯後一根菸」，接著就開始在我眼前吞雲吐霧起來的話，不抽菸的我會覺得很臭、很噁心，美食帶來的滿足也因而蕩然無存。

像這種「只要消費或生產該項財貨，就會影響周遭眾人」的特性，經濟學稱之為**外部性**（Externality）。如果是造成壞的影響，我們就稱之為「**負的外部性**」；若是好事，我們就稱之為「**正的外部性**」。而香菸就是會製造「負的外部性」（二手菸）的一種財貨。

除了菸之外，我們還可以想到很多具「負的外部性」的財貨。比方說樂器應該也算是吧？如果是樂音悠揚的演奏，那還另當別論；要是差勁拙劣的練習聲響不斷地從公寓鄰戶傳來，應該會讓人覺得不堪其擾吧？一九七四年，日本神奈川縣就曾發生過一起「鋼琴噪音殺人案」；還有，在擠滿乘客的列車裡，被迫聽見別人耳機裡流竄出來的噪音，其實也很惱人。

汽車也有「負的外部性」，它會排放廢氣，還有可能引發車禍。這些都是個人消費行為會產生的外部性。

廠商的生產活動也會產生「負的外部性」，例如工廠飄出有害氣體或噪音等公害或環境汙染。近來還有電力公司設置大型太陽能發電設施，導致周邊環境惡化；或廢棄物掩埋業者處理不當，引發土石流等問題。

經濟學很少分析「正的外部性」，但我在這裡還是舉幾個實際的例子：比方說

「車站前那條路新開一家花店，讓街頭的氣氛變明亮了」、「托兒所小朋友每天早上散步的模樣，實在可愛極了」等。此外，「接種傳染病的疫苗」其實也是一種正的外部性，因為這提升了整個社會的安全性。

外部性與租稅：一旦課稅，就減產！

如果我們把「菸」這種會散布「負的外部性」的財貨，完全交由市場機制處理，就會變成一個大麻煩。因為廠商不會考慮到自家商品會產生「負的外部性」而決定減產。所謂企業，就是為了追求利益才生產財貨並供應到市場的機構，大部分企業對於塑造更美好的社會並不感興趣。

沒有任何一家樂器製造商，會因為以下理由而減產：「不能讓我們的產品成為擾鄰因子。既然如此，那就稍微減產吧！」很少有企業會這麼說吧？

「為減少車禍死亡率，本公司決定將汽車產量減半！」會這樣說的汽車製造商才奇怪吧？

媒體上經常播放諸如此類的廣告：「請留意抽菸禮儀！」卻從來沒有播放以下廣告：「想想你吐出的二手菸給旁人帶來了多少困擾？戒菸吧！」

一般公司更重視股東權益和員工生計，所以不會主動選擇那些對自家生意不利的行為。

因此，那些對社會有害的財貨，只要任由市場來分配，就會有人繼續大量生產、大量消費。當世界上充斥著「負的外部性」時，就會讓非吸菸者極度不悅。為避免事態發展到這一步，政府會出手干預市場——也就是透過**租稅政策**，來抑制業者生產具「負的生產性」的財貨。

舉例來說，如果政府要求菸品公司：

「每生產一包菸品，就要繳三百日圓的稅。」

菸品公司必定會選擇減產。

政府也可以要求癮君子：

「每購買一包菸品，就要繳三百日圓的稅。」

不論哪一種做法，都會減少菸品的流通量。也就是說，只要政府巧妙運用「租稅」這項工具，就能抑制社會上不樂見的財貨，降低流通量。

從價、從量稅：不同的課稅基準

我們來實際調查一下，菸品在日本究竟會被課徵哪些稅？

日本所謂的「菸稅」，有繳納到國庫的「國菸稅」、繳交給都道府縣等地方政府的「道府縣菸稅」，還有繳付給市村町的「市村町菸稅」等三種。另外還有為了稍微填補政府財政赤字缺口，所開徵的國稅「菸品特別稅」。這些稅賦的稅額，都不是依菸品的售價訂定，而是以每千支為單位來計算（表6-1）。若一盒菸有二十支，則應徵稅額約為三百日圓。也就是說，一盒售價五百日圓的菸品，定價當中有一半以上都要用來繳稅，稅率相當驚人（圖6-1）。

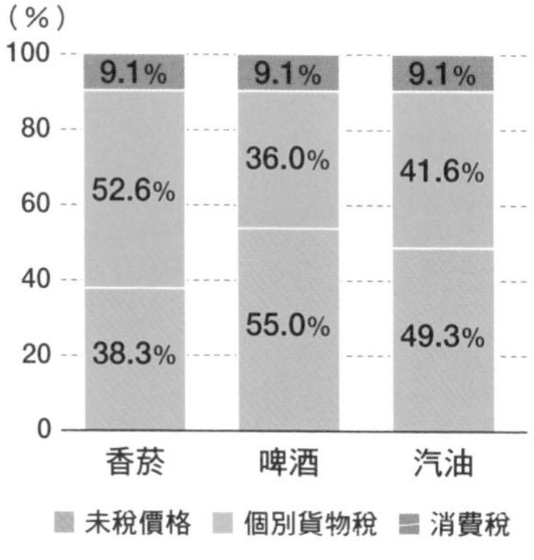

圖6-1 不同財貨的稅率差異
（東京各區，2020年平均稅率）

國菸稅	6,802日圓
菸品特別稅	820日圓
道府縣菸稅	1,070日圓
市町村菸稅	6,552日圓

表6-1 每千支菸品的稅額
（2021年10月）

像菸稅這種不論售價高低，皆依數量來課徵的稅賦，我們稱之為**從量稅**（specific tax）。除了菸稅之外，酒稅也是一種從量稅。比方說在日本，啤酒約每三百七十五毫升，要課徵七十日圓，發泡酒則課徵約四十日圓（二〇二一年稅額）。而一罐啤酒售價約為兩百五十日圓，發泡酒則約兩百日圓，相形之下，菸稅比酒稅更重。

「揮發油稅」也是一種從量稅，這是日本對汽油等油品所課徵的稅賦。二〇二一年，汽油平均每公升會被課徵約五十日圓的暫定稅額。就在我撰寫這份稿件的當下，汽油價格（普通汽油，regular gasoline）是每公升一百四十七日圓。所以，菸稅即使和揮發油稅相比，稅率仍相對高了許多。

為什麼日本政府要對香菸課徵這麼高的稅？香菸市場跟其他財貨市場相比，有什麼特殊情況嗎？我會把這個問題的答案，列為本章的學習目標之一。

順帶一提，另一種與從量稅不同的課稅形式，我們稱之為「**從價稅**」（ad valorem tax），也就是依售價課徵一定比率的稅額，例如「售價的一〇％」等。從價稅最具代表性的例子，就是各位都很熟悉的消費稅。

最後，還有另一種無關數量或價格，凡是生產特定財貨的廠商，都必須統一繳交固定稅額的**定額稅**（lump sum tax）。

在上述這些五花八門的課稅方式當中，最基本、也最容易分析的，就是從量稅。本書僅就從量稅進行說明，但其實同樣的結論套用在從價稅上，幾乎也都成立，只有一些細節會稍微不同。

重點27 租稅的形式分爲：按照數量比率課徵的「從量稅」；按照價格比率課徵的「從價稅」；以及無關數量、價格，而是支付固定金額的「定額稅」。

課稅後，供給曲線發生什麼變化？

接下來，我們要運用個體經濟學，來想一想課稅後會發生什麼事？

首先，我們按照往例，將所有菸品視為同質性財貨「菸」來思考，忽略各品牌的差異。此外，日本國內的菸品生產，其實是由日本菸草產業公司（JAPAN TOBACCO，簡稱JT）獨占。不過方便分析，我們假設市場上的香菸，是由表6-2中的A、B、C這三家廠商負責生產與供給。

若依表6-2繪製供給曲線，則會如圖6-2所示。接著，我們把香菸的需求曲線畫在同一張圖上。癮君子的人數非常可觀，故可畫出相當平滑的需求曲線。

根據這張圖表，可知菸品的均衡價格為兩百日圓。A、B、C三家廠商都以這樣的價格投入市場並生產菸品，均衡數量為三千盒。

假設政府向A、B、C三家公司課徵從量稅，要求「每生產一盒菸品，就要繳三百日圓給政府」，但不對購買菸品的消費者課稅。此時，市場上會發生什麼事？

由於政府要課徵三百日圓的從量稅，所以各廠商的生產成本會上升。圖6-3畫出了

廠商	平均成本	產能
A公司	100日圓／盒	1,000盒
B公司	150日圓／盒	1,000盒
C公司	200日圓／盒	1,000盒

表6-2 香菸廠商的生產技術表

呈現A公司生產技術的長方形。課稅後，A公司每盒香菸的平均生產成本變為：

100＋300＝400（日圓）

此時，平均生產一盒菸品的開銷，不是只有原材料費和薪資等加總起來的一百日圓，還必須繳納三百日圓的稅額。所以，課徵三百日圓的稅，使得A公司的長方形寬邊增加了三百日圓。

B公司和C公司也會發生同樣的情況。市場上每家公司的長方形寬邊都增加三百日圓後，結果就是供給曲線上移三百日圓（圖6-4）。

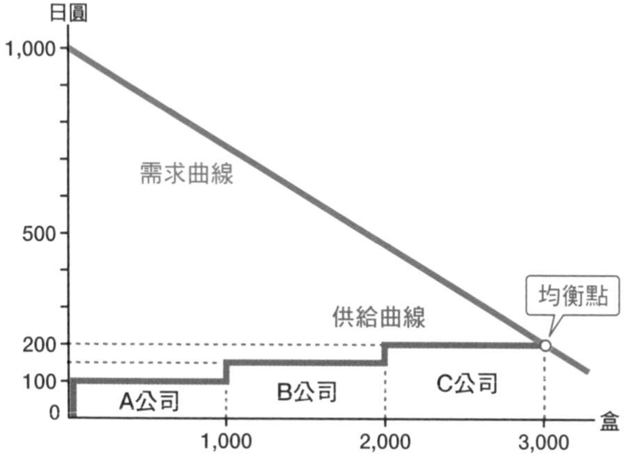

圖6-2 香菸市場的均衡狀態

經過以上這一連串的探討，可得出以下結論：

重點28 **只要對廠商課徵從量稅，供給曲線就會等額上移。**

另一方面，由於政府並未針對消費者課稅，所以需求曲線不會因為開徵菸稅而出現變化，但是市場均衡的位置會移動，如圖6-5所示。換言之，開徵菸稅會使得菸品價格上升，流通量則會減少。

重點29 **當政府針對某項財貨的供給課徵從量稅時，該項財貨的均衡價格會上升，均衡數量則會減少。**

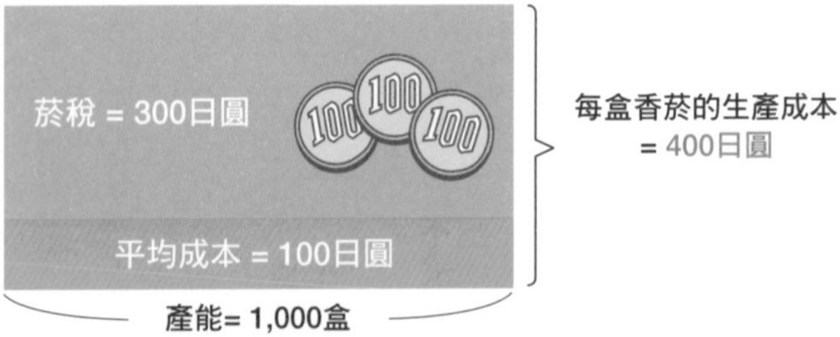

圖6-3 A公司的生產技術與從量稅

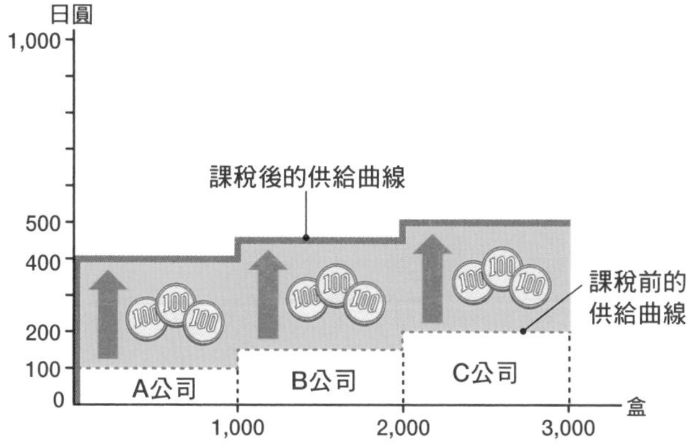

圖6-4 課稅會讓供給曲線上移

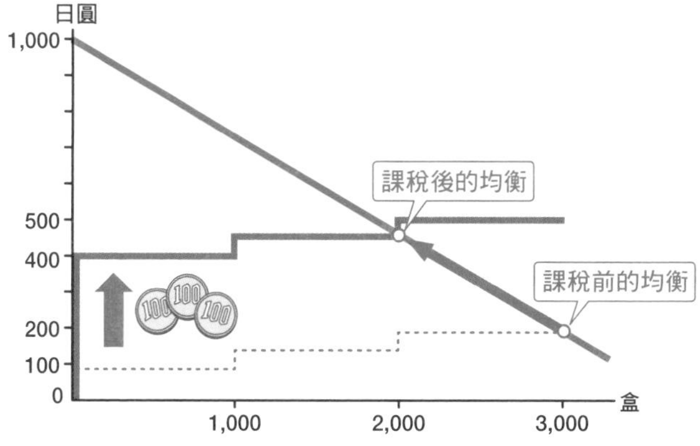

圖6-5 課稅會改變市場均衡點

租稅轉嫁：政府對廠商課稅，為何是癮君子付錢？

截至目前為止，結論都還不會令人大感詫異。政府課稅後，香菸的價格上揚，流通量也一如預期地下降。而飽受二手菸所苦的非吸菸者，人數應該也會隨之減少。

不過，以上說明聽在癮君子耳裡，或許會有點不愉快——因為菸稅明明是向廠商課徵的租稅，但廠商竟調漲菸品售價，簡直就像是在逃避承擔這份稅負似的。

政府向菸品公司課稅➡菸品漲價

像以上這樣，把原因和結果列出來一看，消費者就會覺得廠商把原本該負擔的稅，強加到了個人的身上。在經濟學當中，我們把這樣的現象稱為**租稅轉嫁**。

重點30 **政府向廠商課稅，會導致財貨價格上升，增加消費者的負擔。這種現象，就是所謂的租稅轉嫁。**

在市場機制之下，租稅轉嫁可說是無法避免，它就和蘋果因萬有引力而落下一樣，是個極其平常的現象。在這個情境下，沒有人應該被指責為無良反派，因為市場均衡是依需求曲線和供給曲線的交點而定，故當供給曲線上移時，價格也會隨之上升。癮君子在譴責菸品公司之前，別忘了決定價格的責任，其實有一半是落在消費者（也就是需求曲線）身上。

仔細觀察圖6-5，我們可以這樣解讀市場在課稅後發生的變化——或者應該說這才是忠於經濟學理論的解讀：

❶政府向菸品公司課徵高額的從量稅，結果導致菸品公司紛紛出現虧損。於是這些不堪赤字經營的廠商，便開始評估是否退出市場。

❷癮君子發現這些菸品公司退出市場會讓他們買不到香菸，便容許菸品公司漲價。

❸推動漲價後，總算又有盈餘的A公司和B公司續留市場。不過，調漲後仍難逃虧損的C公司，只能含淚退出市場。

用以上的故事來解讀開徵菸稅後的一連串發展，各位應該就會對租稅轉嫁現象有一番不同的看法——因為租稅轉嫁還有另一個面向，那就是「**癮君子為保護菸品產業挺過政府的殘暴打壓，慷慨解囊了一筆捐款**」。我認為這樣想，應該比較能保住癮君子們的尊嚴，各位覺得怎麼樣？對癮君子而言，如果真有所謂的「敵人」，那一定是課徵了高額稅負的政府，而不是被課稅的菸品公司。

需求彈性：消費者對價格變化的敏感度

其實租稅轉嫁並不是只發生在菸品市場。只要有課稅，就會有租稅轉嫁。但是轉嫁的大小，會因財貨的種類而異。有些財貨會由廠商吸收絕大部分的租稅負擔，有些財貨則是會把絕大部分的租稅負擔強加到消費者身上。至於哪一方負擔多少稅，則是取決於「**價格彈性**」（Price elasticity）這個來自需求曲線的指標。

一般而言，經濟學會將「需求量變動在價格變動中的占比」，稱為「**需求彈性**」（Price elasticity of demand）。比方說當價格上漲一%，需求量減少五%時，就可算出需求的價格彈性是：

5%÷1%＝5

數值越高，代表消費者對價格的變化越敏感。由此可知，價格彈性是用來衡量市場需求對價格敏感度的量尺（由於價格彈性是變化率的占比，所以沒有單位）。

讓我們用圖表來說明價格彈性的概念。圖6-6中有兩條傾斜度不同的需求曲線。左邊的需求曲線較陡，即使價格大幅上漲，需求也沒有出現太嚴重的衰退。這表示該項財貨的需求，對價格變動的反應遲鈍，此時我們會說它的「需求彈性較小」。

相對地，在右側圖表中，價格僅微幅上

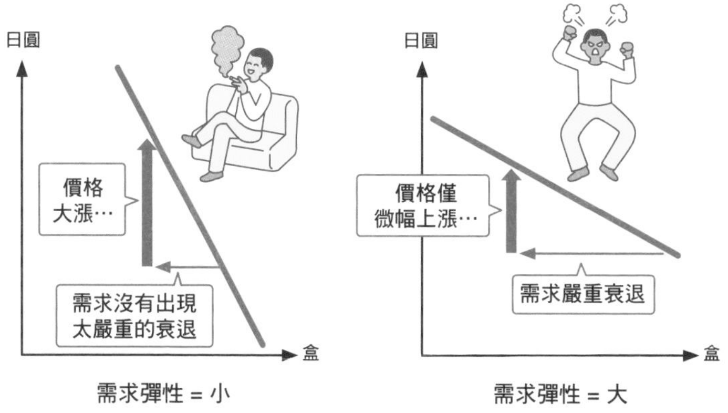

圖6-6 需求彈性（消費者對價格變化的敏感度）

揚，需求就出現了嚴重的衰退。這表示該項財貨的需求，對價格的變化非常敏感，因此我們會說它的「需求彈性較大」。

重點31 **需求曲線的傾斜度越陡，表示需求彈性越小；反之，需求曲線的傾斜度越緩，表示需求彈性越大。**

價格彈性愈小者，租稅就會轉嫁到你身上

接著，我們再來想一想「需求彈性」與「租稅轉嫁」之間的關係。圖6-7以圖示的方式，呈現了在「需求彈性較小」和「需求彈性較大」的情況下，供給曲線上移會對均衡價格帶來什麼影響。

當需求曲線的傾斜度較陡，價格彈性較小時，供給曲線上移程度的多寡，幾乎會全數直接反映在均衡價格的增幅之中。因此當課稅導致供給曲線上移時，均衡價格的上升幅度，就會幾乎等同於稅額。

當需求曲線的傾斜度較緩，價格彈性較大時，即使供給曲線上移，均衡價格也不會出現太大變動，所以幾乎不會發生租稅轉嫁。

簡而言之，**「需求彈性」其實就代表「消費者容易流失的程度」**。當價格彈性越大時，微幅漲價就會流失許多顧客。在這種需求彈性大的市場上做生意，廠商就算被課徵較高稅額，也不敢貿然漲價。既然廠商扛起了這些租稅負擔，那麼租稅轉嫁能力就會變低。反之，若需求彈性越小，消費者並不會因為調漲些許價格就流失，所以廠商就能放心將租稅負擔轉移到消費者身上。這時，廠商的租稅轉嫁能力就會變高。

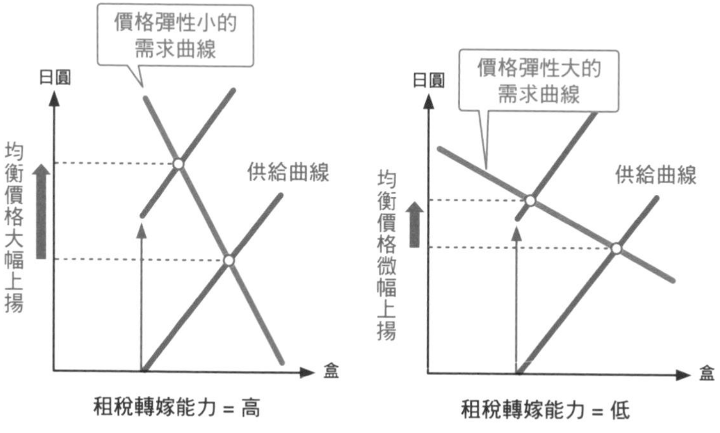

圖6-7 價格彈性與租稅轉嫁的關係

重點32

需求彈性越大，越不容易發生租稅轉嫁；需求彈性越小，越容易發生租稅轉嫁。

戒菸太難了！寧願被課重稅……

這樣想過之後，你就知道菸稅比其他稅負高出一截的原因了吧！菸品需求的價格彈性相當低，所以即使價格上漲，癮君子也不會就此戒菸。

消費者很容易對香菸產生重度的依賴性，所以癮君子們對菸品的最高願意支付金額想必會相當高。就算一盒漲到一千日圓左右，應該還是有很多人會繼續抽菸吧？

所以，菸品這種財貨的特殊性，來自於它的依賴性。雖然酒精也具有依賴性，但酒精成癮者的人

西元年	男性吸菸率	女性吸菸率
1980年	70.2%	14.4%
2000年	53.5%	13.7%
2018年	27.8%	8.7%

表6-3 日本的成人吸菸率
（本表根據日本菸草產業公司的〈全國吸菸率調查〉編製）

數，遠比尼古丁成癮者的人數少。當啤酒漲價時，只要不是嚴重的酒精成癮者，都可選擇改喝發泡酒，或減少飲酒次數；汽油稅調升時，駕駛人只要少開車，改搭大眾交通工具即可。

然而，菸品可就不一樣了。因為要緩解尼古丁成癮的戒斷症狀，除了攝取尼古丁以外別無他法。既然無處可逃，菸品的需求價格彈性就會變得很小，進而營造出很容易發生租稅轉嫁的環境。菸品幾乎年年漲價，也是由於它的需求價格彈性較小的關係。

日本吸菸人口的占比逐年下滑（表6-3），日本政府為確保稅收，想必今後還會繼續調高菸稅。而消費者究竟該為了支持日益萎縮的菸品產業而繼續繳納高額稅金，還是差不多到了該下定決心戒菸的時候？各位癮君子恐怕真的該好好地想一想了！

第7章

拒買咖啡運動有效嗎？

趁機漲價不一定是奸商，但是……

前面我們看了各式各樣的市場，如：口罩轉售、菸品市場。在這些市場當中，財貨的供給方經常做出一些令人不禁懷疑「這樣做會不會有道德問題」的行為。例如在菸品市場上，就有業者搭菸品課稅的便車，趁機漲價，對吧？

每次談到這類租稅轉嫁的案例，我總會補充說明：

「漲價不是因為菸品廠商特別心狠手辣，而是市場機制造成的。」

這聽起來就像是在袒護廠商。說不定還有些讀者對我抱持懷疑，心想：

「這個作者，該不會是哪家公司派來臥底的吧？」

面對這些質疑，我要在本章探討一項即使從經濟學角度來看，也必須大力譴責的廠商作為。

那就是獨占。

獨占市場：我想怎麼漲價，就怎麼漲

獨占（monopoly）是市場的一種形態。當交易某種財貨的市場只有一家廠商投入生產時，這個市場就會被稱為**獨占市場**，而該廠商則會被稱為**獨占廠商**。

在毫無競爭對手存在的市場裡，獨占廠商可以為所欲為。消費者只能向這家廠商購買財貨，所以廠商想怎麼漲價，就怎麼漲價。在經濟學上，我們會說這是：

「獨占廠商具有**定價能力**。」

但是，獨占廠商可能會因為濫用這份定價能力（pricing power），而變成危害社會的惡勢力。

重點33 獨占廠商具有定價能力，可隨心所欲地決定財貨的價格。

具有定價能力的獨占廠商，究竟會做出什麼樣的舉動？讓我們來看一個實際的案例。

每逢聖誕節，我的專題課就會辦一個吃披薩、看電影的活動。既然是經濟學專題課，所以我們看的大多是社會科學類的紀錄片。這幾年來欣賞了許多好片，但我印象最深刻的，還是《咖非正義》（Black Gold）這部作品。

自從西雅圖式的咖啡問世之後，包括日本在內，許多先進國家的咖啡消費都急遽成長。據說目前全球平均一天的咖啡消費量多達二十億杯，而且一杯價格約莫落在四百日圓，等於每天都有天文數字的大錢花在咖啡上。

然而，根據《咖非正義》官方網站上提供給日本觀眾的資訊顯示，一杯售價四百一十九日圓的咖啡，分到咖啡農手上的收入，竟只有一．七日圓，僅相當於售價的〇．四％；在地經銷商和出口商則分到二．一日圓，等於售價的〇．五％。這樣計算下來，剩下的九十九％，都落入了先進國家的咖啡業者口袋。

電影裡介紹的咖啡農，生活相當拮据。挑豆工人一天的薪資，竟只有五十日圓；裝滿一整袋的咖啡豆堆成小山，被以區區幾千日圓賤價收購。這些真相，讓原本邊吃披薩邊看螢幕的同學們，也都不禁停下了手。片中呈現產地農戶悲慘現況之際，還不時穿插紐約上班族一手拿著報紙，一邊品嘗咖啡的優雅午休光景，以及某西雅圖式咖啡館的計時組長，穿著綠色圍裙，充滿活力地為顧客服務時的笑容。電影結束時，連我們這些觀眾都充滿了罪惡感。

用不合理的低薪，強迫他人從事極為辛苦的工作——我們稱之為**奴役勞工**。而消費者向那些靠奴役勞工賺大錢的廠商購買產品，幫助他們大發利市的舉動，將蒙上道德疑慮。實際上，這部電影上映之後，全球的確掀起了相當熱烈的討論，甚至還有人發起拒買某企業產品的活動。

買方獨占：只有一個買方的咖啡豆市場

這部電影的故事背景是一個小村莊，村裡住著很多咖啡農。所有人都一貧如洗，而村莊又位在離都市很遠的地方，地理上相當孤立。這些農家沒有足夠資訊去找尋更好的買家，也缺乏運送工具，於是就只能把咖啡豆賣給在當地做買賣的少數買家，別無選擇。

因此，在這個地區的咖啡豆市場上，咖啡豆的買方企業，就具有定價能力。而這樣的獨占形態，我們稱之為買方獨占。

重點34 由財貨買方獨占的市場，就是所謂的「買方獨占」。

截至前一章為止，我們針對完全競爭市場做了許多分析。但獨占市場的特性，和完全競爭市場大相逕庭。在完全競爭市場上，最終決定價格的是市場，對吧？價格一旦訂定，廠商和消費者就算再怎麼不滿，也只能接受。

相對地，在咖啡豆獨占市場上，決定價格的，是豆子的買方。買方具有完全定價能力，會選擇對自己有利的價格；而咖啡農身為賣方，意見則被完全漠視。

低價收購對社會有害，還是有利？

為探討獨占市場的特性，我們試著用圖表來做簡單的分析。咖啡豆由許多咖啡農供應，而在地方上採購咖啡的，則只有享譽全球的知名企業S公司。貧窮的農友，只能把咖啡豆賣給S公司。

我們將咖啡豆市場用圖7-1來表示。當S公司的報價太低時，咖啡農就會減少種植咖啡豆，改種其他作物（由於作物轉換需要時間，故請把圖7-1當作是以數年為單位的長期觀點繪製而成），因此，咖啡豆的供給曲線會往右上攀升。S公司對咖啡豆的需求曲線則會一如往例，呈現往右下發展的走勢。

如果我們假設具有咖啡豆定價能力的是市場。此時，市場均衡會給定在需求曲線和供給曲線的交點——A點，咖啡豆的價格落在P點，社會剩餘則可用三角形CAO的面積來表示。請各位特別留意：S公司所獲得的剩餘，會等於三角形CAP的面積。

不過，當S公司握有定價能力時，獨占市場的狀態應該會如圖7-2所示。根據本圖，S公司將咖啡豆的收購價由P調降到Q，導致好幾位咖啡農放棄咖啡，改種其他

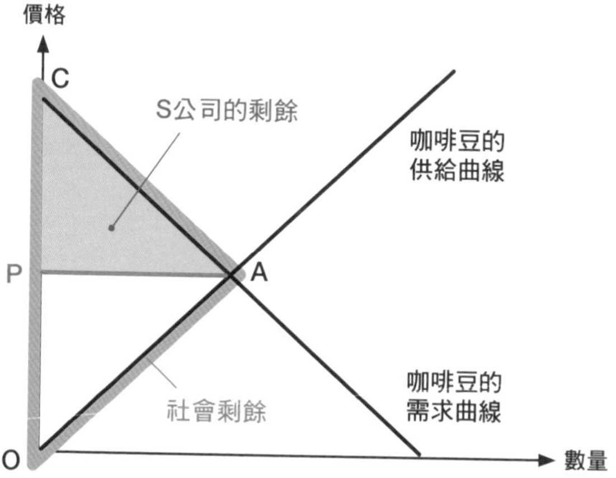

圖7-1 完全競爭下的咖啡豆市場

作物，咖啡豆的市場供給量也隨之降低，使得市場在圖中的B點達到均衡。

值得留意的是：**此時S公司獲得的剩餘，竟不減反增！**

在圖7-2中，S公司獲得的剩餘等於梯形CDBQ的面積。相比之下，即可知這個梯形的面積，比三角形CAP（完全競爭市場下的S公司剩餘）大——因為S公司即使調降收購價，仍能以低價向不願（不能）退出市場的農家收購咖啡豆，並從中賺得龐大的利潤。

獨占廠商調降價格，會導致社會剩餘也跟著縮水。請各位再看看圖7-2。在這張圖當中，社會剩餘等於梯形CDBO的面積，

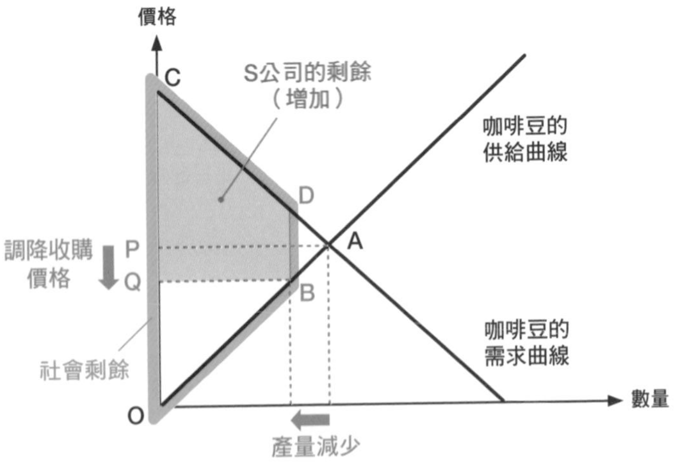

圖7-2 買方獨占的咖啡豆市場

比三角形CAO小，對吧？這是因為S公司調降咖啡豆的收購價，導致咖啡豆市場的社會剩餘流失。換句話說，即使降價收購會殃及整個社會，S公司仍一心追求自身利益。此時，S公司將淪為社會毒瘤，即使從經濟學的角度，也無法為它護航。

重點35 在買方獨占的市場上，若買方企業調降財貨的收購價格，將導致社會剩餘縮水。

賣方獨占：我想賣多少，就能賣多少

相對於具有定價能力的獨占廠商是財貨買方的「買方獨占」案例，另一種由賣方企業隨心所欲操控市場價格的獨占案例，我們稱之為**賣方獨占**。其實大多數的個體經濟學教科書，對賣方獨占的案例反而著墨較多，所以接下來我也簡單做個說明。

重點36 當市場中只有一個財貨賣家，且該賣家具有定價能力時，稱爲「賣方獨占」市場。

假設某項財貨的市場如圖7-3所示。依照慣例，向右上攀升的是供給曲線，向右下發展的則是需求曲線。

如果財貨價格是由市場決定，那麼均衡點就會是兩條曲線的交點A。此時社會剩餘即三角形OAC的面積。

不過，倘若財貨的賣方企業具有定價能力，該企業就會為了追求更多利潤而調漲財貨價格。如此一來，市場的均衡就會從A點移動到B點，而社會剩餘的多寡，也會縮減為梯形ODBC的面積。

重點37 **在賣方獨占市場上，財貨的賣方企業會調漲價格，導致社會剩餘縮水。**

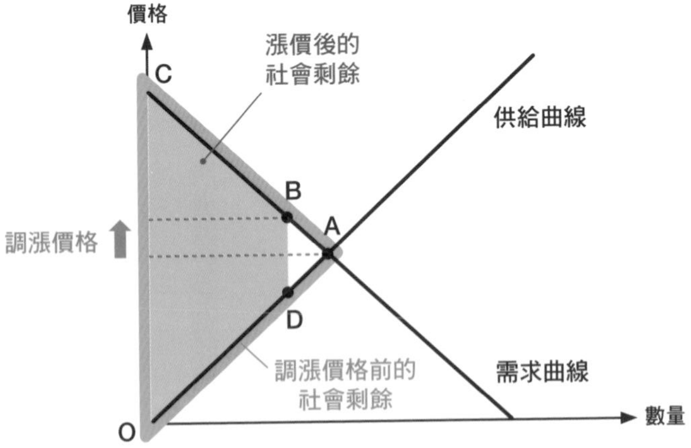

圖7-3 賣方獨占的市場

珍稀日本陶甕的拍賣現場

由此可知，不論獨占廠商是財貨的賣方或買方，只要是為了追求自身利益而操弄價格，就會殃及整個社會。

為什麼獨占對社會而言是一種禍害呢？最根本的原因究竟是什麼？

為了解釋上述的提問，我準備了一個具體的例子：假設有一位受封為人間國寶的陶藝大師，他是享譽全球的知名創作者。他所打造的陶甕要價不菲，動輒數百萬日圓。大師叫什麼名字呢？我想想……姑且就先稱他為栗右衛門吧（畢竟這只是個虛構的例子）！而全世界就只有這麼一位栗右衛門大師，所以「栗右衛門陶甕」市場是由大師自己壟斷的賣方獨占狀態。自己親手打造的陶甕要賣多少錢，全看大師的心情而定。

若以四角形來呈現這位栗右衛門大師的生產技術，應該會如圖7-4所示。栗右衛門的個性一絲不苟，對作品不容半點妥協，只要陶甕稍有瑕疵，就會丟到地上砸破。因此，他每次可燒製的陶甕數量（陶甕的產能），最多就是一個；而生產所需的成本，就只有陶土、木柴和徒弟的薪資等，林林總總加起來，應該約十萬日圓就綽綽有餘。

所以栗右衛門在陶甕方面的供給能力，可用圖7-4的藍色小四角形來表示。

栗右衛門出售陶甕的新聞傳遍了全日本。誰能擁有大師這只最新力作陶甕，後來決定由各方競標。全國雅好藝術的收藏家，手裡握著一捆捆鈔票，湧進了拍賣會場。這時，市場上對栗右衛門陶甕的需求曲線會如圖7-5所示：也就是將眾多收藏家的最高願意支付金額，由高到低依序排列而成。

萬眾矚目的拍賣會總算要揭開序幕了。拍賣有很多種方式，我們假設陶甕的拍賣會是讓有意購買者逐一出價墊高價位，直到最後一位想買的人出價為止（這種方式稱為英式拍賣[English auction]）。

陶甕的價格一步步地往上墊高，直到出

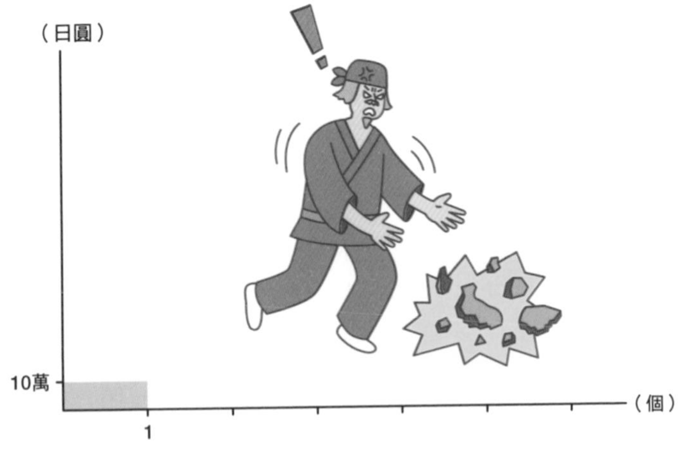

圖7-4 栗右衛門的陶甕生產技術圖

價來到五百萬日圓，才留下一位買家，其他人都放棄了競標。因此，市場最後的均衡價格是五百萬日圓，均衡數量則是一個陶甕。得標者原本打算最多可以為這個陶甕花到八百萬日圓，所以他獲得的消費者剩餘是：

800－500＝300（萬日圓）

而栗右衛門的生產者剩餘則是：

500－10＝490（萬日圓）

所以社會剩餘就會是：

300＋490＝790（萬日圓）

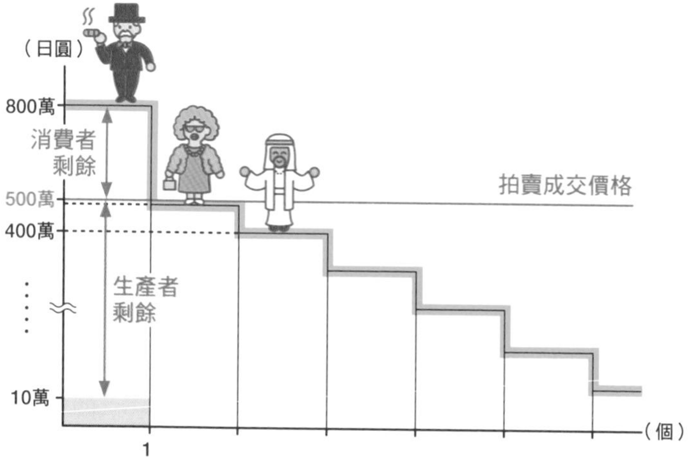

圖7-5 栗右衛門陶甕的需求曲線和拍賣結果

為什麼有些獨占市場，不會傷害社會剩餘？

在以上市場中，我們究竟該不該用經濟學的觀點，來譴責栗右衛門呢？換言之，我們想知道社會剩餘是否會因栗右衛門的定價能力而縮水。

我想請各位特別留意：「價高者得」這種拍賣方式，其實就和市場的價格調整機制一模一樣。當陶甕的數量只有一個時，如果有意購買者超過兩人，市場上就會出現超額需求。此時，拍賣官會上調陶甕價格，直到一個陶甕對應一位買家，也就是供需達成一致時，陶甕的價格自然就會訂定下來——這一連串的過程，在本質上就和市場的價格調整機制完全相同。

因此，陶甕最後以五百萬日圓售出，和在完全競爭市場成立的價格相同——因為在這場拍賣當中，栗右衛門完全沒有發揮自己的定價能力。

既然如此，那麼我們就不競標，改請栗右衛門自行決定價格。如果他是一位會想讓個人獲利極大化的陶藝大師，應該會把陶甕的價格定為八百萬日圓——因為在陶甕的買家當中，的確有人將八百萬日圓設為最高願意支付金額。

此時，陶甕買家獲得的消費者剩餘會降為：

800－800＝0（萬日圓）

而栗右衛門獲得的生產者剩餘則是：

800－10＝790（萬日圓）

所以社會剩餘會是：

0＋790＝790（萬日圓）

這個數值和由競標者出價下的社會剩餘數值，一模一樣。

原來即使栗右衛門發揮定價能力，調高陶甕價格，社會剩餘也不會因此縮減！

流通量的變化才是重點！

在咖啡豆市場上，獨占廠商廉價收購農友生產的咖啡豆，會導致社會剩餘縮減。而在栗右衛門的陶甕市場上，即使是將陶甕價格調漲到極限，也不會造成社會剩餘減損。

造成以上差異的原因，究竟是什麼？

為什麼獨占有時會對社會造成危害，有時卻不會？

答案是：兩者的差異，在於財貨流通量是否因獨占而出現變化。

在咖啡豆市場上，部分農友因為咖啡收購價被壓低到不合理的地步，便決定不再種植咖啡豆。所以這些本來會生產的財貨，就這麼消失了，不再供應給社會。

至於在陶甕市場上，則不論價格是高或是低，產量都維持不變，就是那麼一個。而大師打造的陶甕，最後一定會交到雅好此道的識貨人手上。

唯有在獨占者操作價格，造成財貨流通量減少時，社會剩餘才會縮水——因為獨占廠商的蠻橫，使得原本只要市場發揮該有實力，就能創造的「財富」，在出現之前就消失時，社會剩餘才會同步減少。

重點38 當財貨的流通量因獨占廠商的舉動而減少時，社會剩餘才會隨之減少。

東京火葬市場：獨占情況嚴重嗎？

其實在現實生活中，我們很難看到獨占廠商的實際案例。嚴格說來，在理論上也很少發生單一廠商獨占整個市場的情況。

我在課堂上會舉一個很接近獨占廠商的實際例子，那就是在東京地區提供火葬服務的「東京博善」（Tokyohakuzen Company）。這家公司創立於明治時代中葉（一八八七年），當時東京有許多寺院亂無章法地經營火葬場，東京博善逐一收購，穩健成長。

在東京的二十三個區內，目前共有九個火葬場，其中兩家為公營，剩下的七處則是交由民間經營。而在這七處民營火葬場當中，就有六處是隸屬於東京博善，等於目前東京二十三區內的火葬，有七成都是由東京博善提供相關服務。未來，東京恐怕不會再於市中心興建火葬場，所以東京博善目前的獨占狀態，應該還會長期保持下去。

那麼，東京博善的獨占狀態，會對社會剩餘帶來什麼影響呢？在東京的市中心區，東京博善實質上就是一家獨占廠商，實際上也具有相當強大的定價能力。不過，由於這項服務攸關生命尊嚴，所以業者無法太大張旗鼓地哄抬價格。然而，從東京博善公開的價目表來看，價格似乎還是比同業高了一點。

可是，縱然東京博善將火葬費調漲到高於行情的價碼，社會剩餘也不太會因此而減少。原因是什麼呢？請各位參考以下這張仿照火葬服務市場的狀態，所繪製而成的圖7-6。

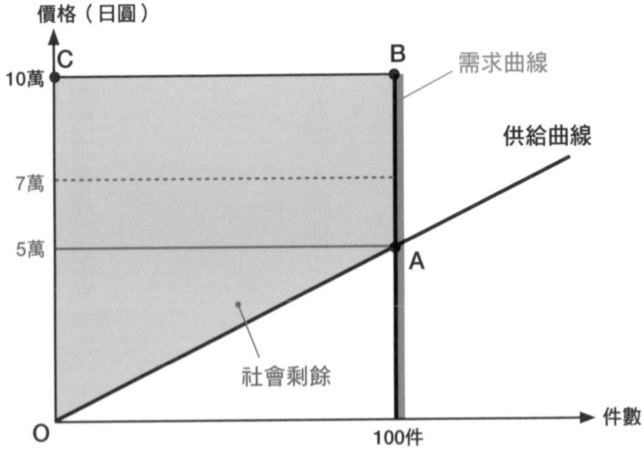

圖7-6 火葬服務市場

完全垂直的火葬需求曲線

先來看看需求曲線。喪家是服務的需求端，對火葬想必會抱持很高的支付意願。就算價格貴一點，喪事總不能不辦。如果金額離譜到要花上好幾百億，喪家固然只能放棄；但價格若只是稍微高於常理，喪家即使面露難色，最後應該還是會買單。

這裡我們假設喪家的最高願意支付金額都是十萬日圓，若該區在分析期間內有一百件喪禮，那麼火葬服務的需求曲線，就會是在數量「一〇〇」處的一條垂直線。即使喪禮價格略有變動，只要不超過十萬日圓，需求量就會維持在一〇〇件，不會改變。

而供給曲線則會一如往常，往右上攀升。我對火葬服務的成本結構了解不深，不過，光是考慮人員薪資、燃料費、場地維護費等，就知道如果價格壓得太低，業者恐怕會很難提供這些服務；反之，若價格上漲，我想業者可能會改採二十四小時全天候服務。若考量業者所背負的社會使命，當然我會認為即使價格稍降，業者仍應繼續努力地提供火葬服務。

綜上所述，火葬服務市場是由一條從十萬日圓處斷崖式垂直落下的需求曲線，和一條往右上攀升、極其普通的供給曲線所構成。若價格不是由廠商操弄，而是交由市場決定的話，那麼均衡應該會落在圖中的A點。此時的服務價格為五萬日圓，而社會剩餘則可用梯型OABC的面積來呈現。

這時如果廠商發揮定價能力，將價格提高到七萬日圓的話，會出現什麼變化呢？即使價格上揚，喪禮的案件數也不會有所增減，所以需求量會維持在一〇〇件。就廠商而言，只要價格夠高，就會願意再多供給一些服務，但由於需求就是固定一〇〇件，所以實際供給量無從增加。綜上所述，當價格水準只從五萬日圓上漲到七萬日圓時，服務的流通量仍會維持一〇〇件，而社會剩餘的多寡也不變，仍如梯型OABC所示。

價格上漲會導致消費者剩餘減少，廠商利潤則因而增加。假如真的發生這樣的事，我們當然可以譴責這是對傷心喪家趁火打劫的惡質銷售手法，不過，至少從社會剩餘的標準來看，東京火葬服務市場上的壟斷狀態還不甚嚴重。

如果拒買運動無效，該如何讓市場恢復效率？

前面我們觀察了各種獨占市場，得出了以下結論：如果以社會剩餘作為評斷標準，那麼獨占廠商只有在操作市場價格、導致財貨流通量萎縮時，才會對社會造成危害。

我們在第三章分析過口罩市場，該市場的社會剩餘，並沒有因為發生轉售問題而減少，對吧？可是，如果所有口罩都被同一個黃牛收購囤積，且這個獨占所有口罩供給的口罩黃牛，為了更進一步哄抬價格，還把部分庫存棄置在某個深山裡的話，那麼結論就會出現一百八十度的大轉變了——此時口罩價格不僅會持續飆漲，最後還會有越來越多消費者買不到口罩，社會剩餘開始驟減。

幸好，現實情況是隨著原本生產口罩的業者準備好大量供給後，口罩黃牛便急忙開始拋售口罩，最後演變成人人都能買得到的狀態。

如果我們認為造成獨占弊病最根本的原因，在於財貨流通量減少的話，那麼解決問題所需要的政策，便昭然若揭了——只要執行一些能增加財貨流通量的政策即可！

就咖啡豆市場而言，**公平交易**會是一個很有效的方法。所謂的公平交易，就是由不以營利為目的的NPO團體，以原本該有的合理價格採購咖啡豆。咖啡豆的收購價格一上揚，想必就會有許多農友願意回來栽種咖啡，不僅是在幫助農友，社會剩餘也會因為咖啡豆的流通量增加而上升。

至於咖啡的拒買運動，目前已知成效相當有限。萬一真的有人發起拒買，咖啡豆的流通量會更受衝擊。此舉不僅無法幫助當地農友，更會對整個社會帶來負面影響。

當心狠手辣的廠商危害社會時，消費者貿然發起拒買運動，解決不了問題。與其如此，還不如冷靜地思考一些像公平交易這樣，對受害者、對整個社會都有益的方法。此時，個體經濟學的思維就能派得上用場。

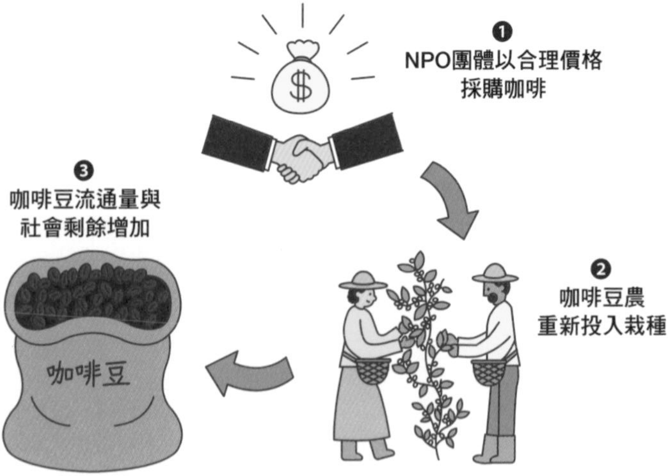
❶
NPO團體以合理價格
採購咖啡
❷
咖啡豆農
重新投入栽種
❸
咖啡豆流通量與
社會剩餘增加
咖啡豆

圖7-7　公平交易示意圖

第8章 企業定價大作戰！

不完全競爭市場：互相牽制定價力！

在前一章中，我們探討了獨占市場的情況。有別於由市場決定價格的完全競爭市場，獨占市場是由廠商掌握了價格的決定權。獨占廠商只對自己的利潤多寡感興趣，會配合自己的需求來調降原料收購價，或調漲財貨售價，導致社會剩餘縮減。

獨占廠商可以如此為所欲為，是因為它沒有競爭對手。倘若咖啡豆市場上出現了好幾個競爭對手，開始爭奪優質咖啡豆，那麼S公司為確保咖啡豆供應無虞，就必須調高收購價格；假使東京市區裡設置了新的公營火葬場，東京博善勢必也得調降服務價格。

事實上，並不是競爭對手一出現，原本的獨占企業就會喪失定價能力。先行者仍可隨心所欲地選擇市場價格，但需要留意競爭者的動向——因為在有競爭者的市場上，廠商的定價能力將會受限。

像這種由少數廠商互別苗頭，各自發揮定價能力的市場，我們稱之為**寡占市場**（Oligopoly）；而當寡占市場上只有兩家廠商時，我們會稱為**雙占市場**（Duopoly）。不論是獨占、雙占或寡占，決定價格的都是廠商。因此，有時我們會把這些案例，合稱為**不完全競爭市場**（imperfectly competitive market）。在本章中，我會以日本餐飲業為例，說明不完全競爭市場的特質。

重點39 **依照市場中廠商的數量多寡，可分爲獨占、雙占或寡占，統稱爲「不完全競爭市場」。**

網路泡沫後，日本企業開打價格戰

各位聽過「新經濟」（new economy）這個詞彙嗎？這在一九九〇年代末期相當風行，現在的年輕人應該沒聽過。

所謂「新經濟論」的背景，是自二十世紀末期起，資訊科技開始迅速發展，進入了一個連高中生都理所當然擁有行動電話（但還不是智慧型手機）的時代。於是，「日新月異的資訊技術，徹底改變了既往的商業模式，使得全球經濟進入了持續成長、無窮無盡的局面」諸如此類的言論在美國興起，並傳播到全世界，擄獲了許多日本人的心。這樣的論述，就是「新經濟論」。當時甚至還流傳著「諾斯特拉達姆斯」（Michel Nostradamus）的預言。各位應該也都沒聽過吧！（編注：日本作家五島勉以十六世紀占星士諾斯特拉達姆斯為題，撰寫了一套《大預言》，指出日本經濟會出現泡沫崩壞。）

在「新經濟論」的影響之下，只要稍微和資訊科技沾上一點邊的企業，股價都開始飆漲。就連車站前都隨處可見的小通訊行，股價也都在幾個月內翻倍成長——這就是日後世人所稱的「網路泡沫」（internet bubble）。

既然是泡沫，就注定背負著無法長久的宿命，尤其當時的網路股狂熱更是短命。就在眾人隱約開始察覺到這種熱潮不可能長久之際，美國在二〇〇一年九月爆發了恐怖攻擊事件，網路泡沫被吹散得無影無蹤，為全球經濟衰退揭開了序幕。

接下來才是本章的正題。當時社會陷入不景氣，總體經濟面出現了股價大跌和失業率飆升，個體經濟面則是上班族大叔的午餐預算被腰斬。畢竟房租、醫療和教育學費等開銷，很難一下子就縮減，但老爸的午餐預算，從明天起就可以馬上打對折。

於是「銅板午餐」如雨後春筍般，在日本全國各地出現。「銅板午餐」指的是花一個五百圓日幣銅板，就能吃到的午餐。仔細想想，現在「銅板午餐」已是你我生活中極其尋常的商品。此外，日本麥當勞在二〇〇二年八月時，還將漢堡的單點未稅價格調降到五十九日圓（約新台幣十五元），是當時的熱門話題。

就這樣，隨著網路泡沫破滅，全日本的餐飲業者展開了一場降價大賽。這種現象，經濟學家稱之為**價格競爭**（price competition）。價格競爭比的不是品質或區位，而是用比競爭者更便宜的價格來供給財貨，以在競爭中占上風。

至於用來分析價格競爭的理論框架，則是由法國數學家柏特蘭（Joseph Bertrand）提出，稱之為**柏氏競爭**（Bertrand competition）模型。

柏氏競爭：礦泉水商競價，結果利潤歸零

我們先用最簡單的情況，來想一想廠商會如何進行價格競爭。假設在同一個市場中（比方說礦泉水市場），有兩家廠商生產相同的財貨（礦泉水）。由於廠商只有兩家，所

以這個市場會被稱為雙占市場。再者，我們假設兩家廠商生產的財貨完全相同，即所謂的同質性財貨（請參閱第四章）。這個案例就是「**同質性財貨在雙占市場中的價格競爭**」。聽起來很酷吧！

為求方便，我們姑且把這兩家廠商稱為A公司和B公司。假設兩家廠商擁有相同的生產技術——他們生產一瓶五百毫升寶特瓶裝的礦泉水，成本都是八十日圓，產量都是一百萬瓶。兩家廠商的生產技術如圖8-1所示。

至於消費者，我們則假設：消費者對礦泉水的滋味毫不講究。只要品質安全有保障，不管礦泉水是由A公司或B公司生產，消費者都不介意。（反正都是水，矇上眼睛喝的

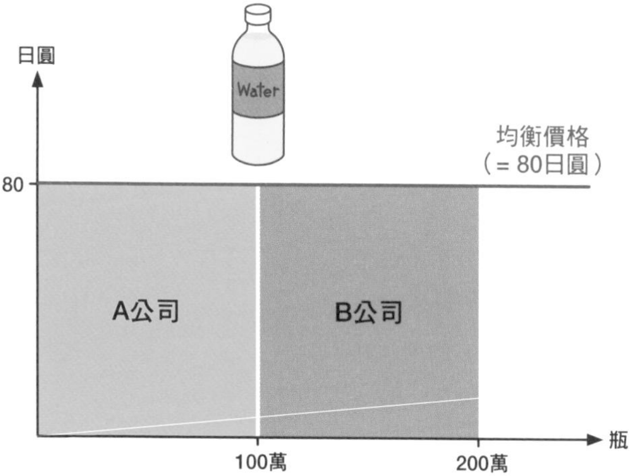

圖8-1　雙占市場中，兩家廠商的生產技術圖

話，應該喝不出差別吧？至少我個人是喝不出差別，所以就假設所有消費者也一樣。）

此外，再假設消費者也遵循以下行為規則：

規則一 如果店裡同時有A公司和B公司的礦泉水，消費者會買便宜的，哪怕只差距一元。

規則二 如果兩家公司的礦泉水價格一樣，消費者會隨意挑選其中一家。

假設這個礦泉市場上的消費者，剛好一百萬人。

根據上述假設，A公司和B公司會如何進行價格競爭？

首先，兩家廠商都會想盡辦法提高自己的獲利，所以會盡可能用更高的價格來銷售礦泉水。假設A公司先訂出每瓶礦泉水的售價是一百二十日圓。如果一百萬瓶全都以這個價格銷售一空，那麼A公司的獲利就是：

（120－80）×100萬＝4000萬（日圓）

不過，B公司不會袖手旁觀。他們會用比A公司更便宜一點的價格來銷售礦泉水——比如每瓶一百一十八日圓（圖8-2）。如此一來，所有消費者都會根據規則一，大舉購買B公司的商品，A公司產品則全都滯銷。

A公司見事態嚴重，會立刻決定降價，設定每瓶礦泉水的售價為一百一十五日圓，把所有顧客都從B公司搶回來。

於是兩家廠商就這樣競相降價，直到商品售價等於八十日圓，雙方都無法再調降時，才終於結束。在均衡狀態下，兩家廠商各自瓜分一半消費者。此時，這兩家廠商獲得的生產者剩餘（利潤），都是零圓。

若A廠商再將價格調降到七十九日圓，

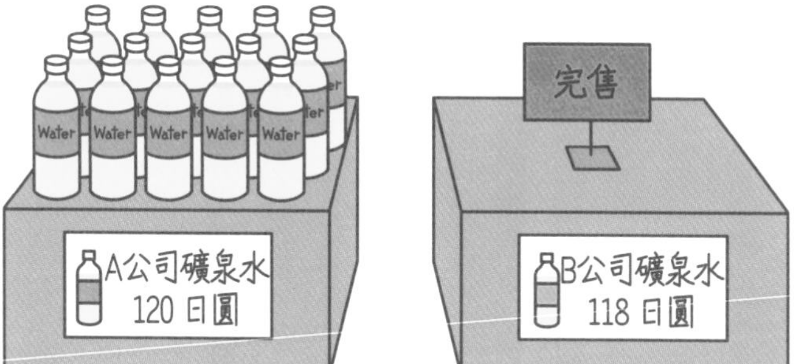

圖8-2 在同質性財貨當中，消費者會盡量選購便宜者

固然可以贏得所有消費者的青睞，但此時將出現虧損：

（79－80）×100萬＝負100萬（日圓）

與其做賠本生意，A公司還不如用等同於平均成本的八十日圓來銷售財貨，在零獲利的狀態勉強營運。

由此可知，當同質性財貨在雙占市場中進行價格競爭時，各方大打價格戰的結果，會讓所有廠商都把售價降到無利可圖的地步。

重點40 在同質性財貨市場發生價格競爭時，價格會一路下跌到廠商利潤歸零。

利潤歸零為何不是壞事？

每當我說明完後，很多學生都會露出混亂糾結的表情：

「廠商利潤全部歸零？這樣公司不是會倒閉嗎？」

這個提問非常合理。不過，前面提到的利潤，指的其實是超額利潤。

礦泉水的平均成本「八十日圓」當中，除了包括作為原物料的水、塑膠，以及廣告宣傳費等項目之外，還包括了員工的薪資。此時廠商的營收會剛好付清原物料費、員工薪資等，沒有超額利潤。因此，即使是零利潤，也沒有任何關係人因此吃虧。

我們可以用另一個角度來思考這件事。

假設有一個魔法袋，不論投入任何物品，魔法袋都能將之轉換成等價現金。有了這個袋子，大家就能把用不到的橡皮擦、吃剩一半的洋芋片、買來之後根本沒看過的書

圖8-3 投入各種物品，就能換取等價現金的魔法袋假設

等物品放進去，然後拿到等值的現金；如果我們把閒著沒事做的時間放袋子裡，就能收到「拿這段時間去打工」可獲得的薪水——如果真有這樣的魔法袋，是不是很方便呢？

零利潤的企業，其實就像這個袋子。例如零利潤的汽車公司，就是個會將鋼鐵、重油和勞力等汽車原物料，變成等值現金的魔法袋。零利潤企業能幫我們把那些雖有經濟價值，卻無法直接派上用場的各式資源換成等價現金，非常了不起（圖8-3）。

同質性財貨市場：鬥到競爭企業崩潰為止

話題扯遠了。讓我們再回到價格競爭的分析上，想想看如果A公司與B公司的生產技術不同，進行價格競爭後，兩家廠商的利潤還會是零嗎？

我們假設A公司生產一瓶礦泉水的成本依然是八十日圓；但B公司的平均成本變成九十日圓（圖8-4）。

當這兩家廠商開始價格競爭，市場價格最後會落在多少呢？

沒錯，答案就是「八十九日圓」！因為A公司會把售價降到八十九日圓，藉此將競爭對手B公司趕出市場。這時所有消費者都會向A公司買水，所以A公司能獲得以下利潤：

$$(89-80)\times 100\text{萬} = 900\text{萬（日圓）}$$

而B公司則會退出市場，在開發出可以低成本生產寶特瓶的方法之前，都無法再回到市場中。

綜上所述，當兩家廠商的生產技術有落差時，價格競爭的結果會更慘烈，雙方會鬥到其中一家廠商的生產活動崩潰為止，簡直

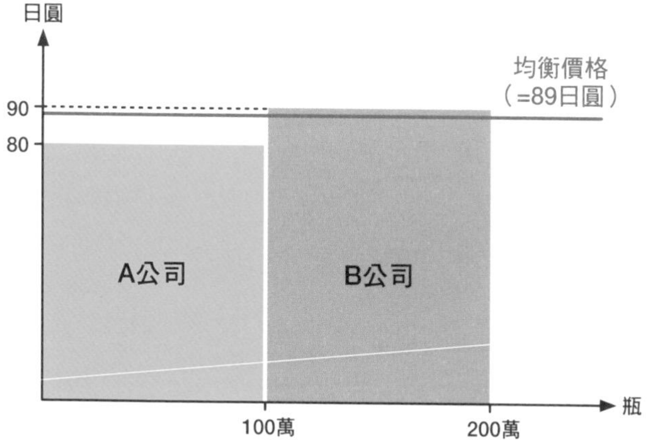

圖8-4 兩家廠商生產技術不同時，平均成本較低者會占領整個市場

像是要殲滅一國人民才肯罷休的核戰似的。

重點41

當許多生產技術水準不同的廠商，投入同一個同質性財貨市場，並發生價格競爭時，財貨售價會一路降到生產技術較低的廠商發生虧損、退出市場為止。

牛丼三國志：零利潤的窘境

接著我要來介紹科技泡沫破滅後，發生在日本的價格競爭實際案例。圖8-5呈現的是從一九九九到二〇一四年，日本三大牛丼連鎖（Y、M和S公司）的「牛丼（中碗）」價格變化。編製這張圖表所用的數據，是我一

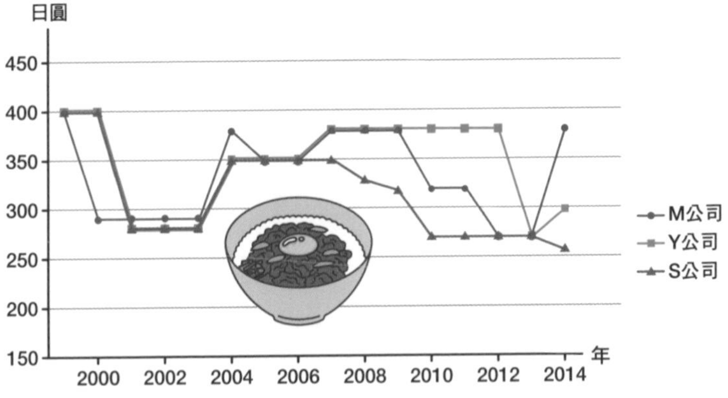

圖8-5 日本三大牛丼連鎖店的價格策略變化圖

筆一筆從網路公開資訊找來的，因此比實際的價格變化簡化許多，甚至可能還有不盡正確之處。

從圖中可知，以往各家連鎖牛丼（中碗）售價都是四百日圓。到了網路泡沫破滅後的二〇〇一年，售價已經不到三百日圓。經濟不景氣對餐飲業界造成的衝擊之大，由此可見。後來，隨著全球與日本的經濟復甦，牛丼價格也緩步回升。在三大連鎖當中搶先於二〇〇〇年降價的M公司，到了二〇〇四年已漲回三百八十日圓。後來因為此舉稍嫌強勢，以致於M公司又急忙降回三百五十日圓，向其他兩大連鎖看齊，看得讓人會心一笑。

接下來的價格變化也很有趣。Y公司是業界的老字號餐廳，二〇〇一年後開始一路朝四百日圓的目標緩步調漲；而業界新兵S公司卻來勢洶洶地把價格調降到兩百七十日圓。起初M公司緊跟著Y公司的步伐，後來也抵擋不住S公司的低價攻勢，在金融海嘯爆發後的二〇〇九年放棄跟進。孤獨的Y公司，終於也在二〇一三年轉向，向低價策略靠攏。

究竟S公司是如何在這段期間維持極低的售價呢？

答案是激進地縮減人事費用。他們將各門市的人力降到極限，最後甚至還祭出了

「一人營運」策略，讓計時人員自己負責全店的外場服務、內場烹調和清潔工作。S公司就這樣把平均成本壓縮到極限，並將售價降到讓競爭對手無法越過雷池一步的範圍。

接下來這張圖8-6，呈現的是這三家公司的經常利潤。牛丼售價最低的S公司，獲利表現最好；反之，售價偏高的Y公司，利潤卻最微薄，甚至還曾一度出現虧損。我們可以看出，S公司祭出的低價策略，逼得其他兩家公司走入了幾乎零利潤的窘境。

二〇一二年，自民黨重返執政，日本經濟也出現了回溫的跡象。而Y公司又開始調漲價格，S公司則又調降了售價。到了二〇一五年，S公司惡劣的工作環境受到社會關注，勞工開始逃離職場，導致多家門市歇業。

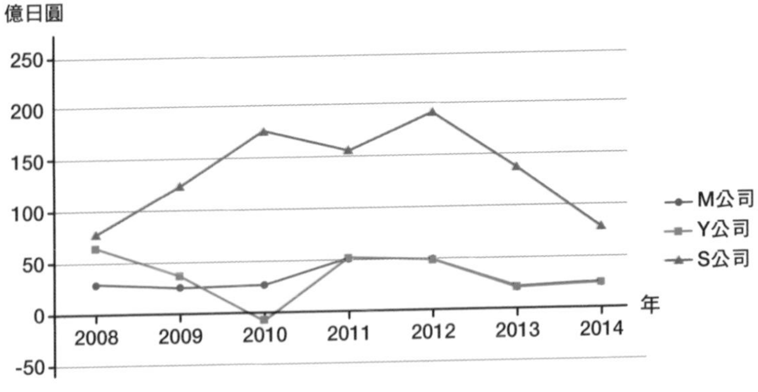

圖8-6 三大牛丼連鎖店的經常性利潤變化表

品牌力的重要：這樣做才能逃脫削價競爭

這場價格競爭會殺得如此慘烈，就是因為他們銷售的皆為同質財貨。當各家廠商的商品品質大同小異時，消費者購買財貨就會只看價格做決定。在網路電商普及的現代社會，一般認為消費者對價格的態度變得更為敏感。在這種情況下，各家廠商就免不了會被捲入讓彼此傷筋動骨的價格戰。

廠商都想跳脫這種腥風血雨的競爭。而方法之一，就是確立自己的品牌價值——畢竟只要每家廠商都供應各具特色的財貨，培養出各自的固定客群，那麼就算廠商彼此之間多少有些價差，還是能各自掌握一定程度的顧客。

而一個只有少數廠商投入，且每家廠商都能確立各自品牌的市場，我們就稱之為**異質寡占市場**。在現實世界裡，絕大多數的市場都是異質寡占市場。

此外，經濟學上還有一種**獨占性競爭（Monopolistic Competition）市場**，這類市場中，廠商家數比異質寡占市場更多，而且各自都供應獨有的財貨，彼此競爭激烈。比方說電玩遊戲的遊戲軟體、漫畫市場，以及屬於內容產業的市場等，都是獨占性競爭的典型案例。

在這些市場中，各家廠商會依其品牌力的強弱，賺得相應的利潤，並撐過競爭的篩選，生存下來。

區位競爭：為什麼企業都擠在同一個地區？

企業要在市場上彰顯其獨特性，其實方法不是只有確立品牌。「店要開在哪裡？」的區位選擇，也可以是很重要的經營策略。有的拉麵店明明餐點很好吃，卻開設在離車站很遠的地方，上門的客人稀稀落落；反之，也有的店家口味普通，卻受惠於地點加持，人潮絡繹不絕……在現實生活中，我們可以找到很多諸如此類的案例。

因此，接著我們就要來探討A、B這兩家拉麵店的區位競爭模式。為簡化內容，這裡假設兩家店都供應品質相同的財貨。他們都想在一個幅員狹長、朝東西向延伸達一千公尺的小鎮上選址開店。而鎮上每隔一公尺就有一個人住，總計共有一千位消費者落戶。這些消費者會依以下的規則，選擇要到哪一家店消費。

規則一 每一位消費者，都會盡量選擇到離家近的店家消費。

規則二 如果這兩家店到住處的距離都一樣，那麼消費者選擇其中某一家的機率，就是二分之一。

簡而言之，這就是同質性財貨價格競爭的空間版（圖8-7）。

以上述消費規則作為前提，拉麵店A、B分別該在這個鎮上的哪裡開店，才是最理想的選擇呢？

通常我們馬上會想到，就是A公司把店開在東側，B公司則開在西側，相親相愛地將鎮上的一千位顧客各分一半。不過，這個情況，真的是對他們兩者最妥善的安排嗎？

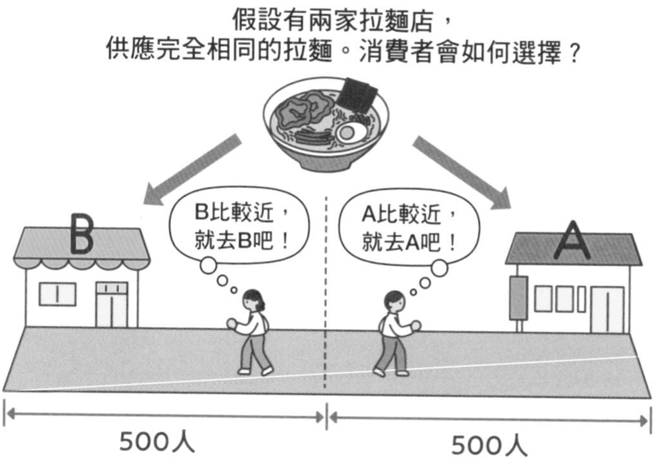
假設有兩家拉麵店，
供應完全相同的拉麵。消費者會如何選擇？
B
B比較近，
就去B吧！
A比較近，
就去A吧！
A
500人
500人

圖8-7 消費者的用餐決策

讓我們換個情境來思考，假如A拉麵店仍開在東側，只把B拉麵店遷到小鎮的正中央，也就是剛好五百公尺處。此時，住在B拉麵店以西的五百位消費者，都會到B店消費；而在A、B兩店中央的兩百五十公尺處以西，顧客也都會前往B店（圖8-8）。此時，B店會有七百五十位顧客上門，A店則只有兩百五十位顧客光顧。

如此一來，A勢必也要遷址了。遷到哪裡？當然是鎮上的正中央，也就是和B一樣的五百公尺處。這樣A、B兩家店就會開在一起，各自瓜分五百位顧客。儘管這樣只是讓彼此打回原型，但搬遷到其他地方，只會讓顧客人數變少。因此，這兩家拉麵店都會一起開在條件最好的地點。既然已無法憑區

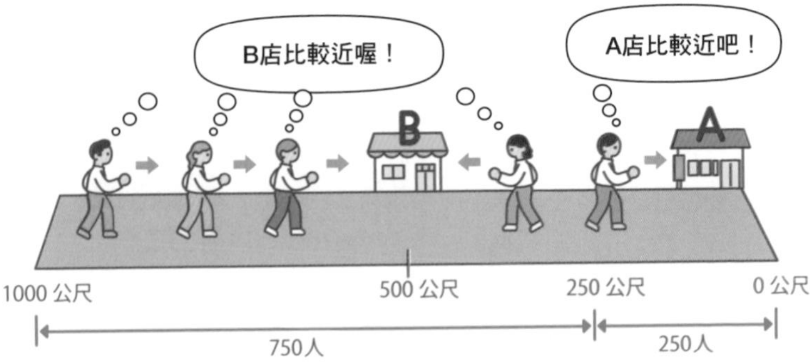

圖8-8 A與B拉麵店的區位選擇

位優劣分出高下，那麼未來就只能較量拉麵口味好壞，或做好同歸於盡的心理準備，開始打價格戰。

以上介紹的概念，後人用發想這項理論的經濟學家Harold Hotelling來命名，稱之為**霍特林模型**（Hotelling model）。運用這個模型，我們就能解釋為什麼大型商店街全都開在車站前，而且酒館食肆還集中開在該商店街某處的原因了。如果再將它稍微擴大解釋，我們還可以說明政壇中保守派政黨和改革派政黨的候選人政見，內容為什麼往往流於大同小異。

上述這些案例，除非加入其他條件，否則每家廠商都會想在同一個地點開店，兩位不同黨派的政治人物也會選擇端出相同的政見。

明明有方法可與競爭者做出區隔，有出路可逃離宛如地獄般的削價競爭，結果有些廠商卻主動回歸同質性財貨市場競爭的設定——這個結論真是既弔詭又耐人尋味。

重點42 **根據霍特林模型的論述，除非加入其他條件，否則所有企業都會選在同一地點展店。**

第9章 為什麼企業要說謊？

轟動日本的建設公司造假案

二〇〇五年十月，曾參與某住宅建案的工程公司，發現了一件很詭異的事——該建案所使用的鋼筋數量，明顯低於一般標準。

工程公司很擔憂，便委託另一家公司來檢查，結果竟發現該建案的結構計算書內容造假。從資料上來看，該建案的鋼筋用量符合法定標準；可是在案場，業主竟下令將用量減到遠低於書面資料呈報的水準。簡而言之，就是有參與建案的人士對營造費用上下其手，賺走差額。而完工後的建築強度，當然遠不及政府所規範的耐震標準。

這一起日本社會稱為「結構計算書造假案」的風波，就此開始延燒。編製這份造假文件的，是某位建築師。經調查後發現，他過去經手的許多住宅建案，都有相同的造假問題。後續風波因而越演越烈，日本國會一連多日傳喚相關證人，所有新聞節目都在討論耐震數據造假問題。

出事再賠就好了！

遺憾的是，這類造假案件實在是層出不窮。

舉凡是將國外進口蛤蜊冒充熊本縣產品銷售的「蛤蜊產地造假問題」（二〇二二年）、雪印乳業對外販售遭到金黃葡萄球菌汙染的牛奶，引發一萬五千人食物中毒的「雪印集體食物中毒案」（二〇〇〇年），以及由同一位醫師執刀多件腹腔鏡手術，病人在術後相繼死亡的「群馬大學附設醫院腹腔鏡手術八死案」（二〇一〇～二〇一四年）等等，財貨或服務供給方刻意隱匿資訊的案件，以往已發生過好幾次。

而且這並不是日本獨有的文化。

一九七〇年，北美福特（FORD）公司推出的「福特平托」（Ford Pinto）車款，結構設計上有問題，以致於在遭追撞後容易爆炸、起火。福特公司早已發現這個問題，竟選擇擱置不管——因為他們研判，未來可能發生的車禍事故賠償，遠比召回原廠維修的費用便宜得多。

結果，就在平托車款上市後的第三年，發生了令人痛心的死亡車禍。再加上曾任平托車款設計工程師的內部人士出面作證，才讓福特明知產品有危險瑕疵卻放任不理的事件曝光。最後，福特付出了比召修費用高出許多的鉅額罰款。

資訊不對稱：企業說謊的根源

企業有時會在人命關天的事情上，撒漫天大謊——畢竟他們存在的目的，並不是要打造更美好的社會，也不是為了讓顧客滿意，而是要讓自己的獲利極大化。即使在企業裡工作的員工是善良的，「企業」這個組織還是會依照自己的邏輯運作，遠遠超越個人層級。像雪印乳業（Snow Brand Milk）、福特汽車這樣的大企業，行事風格更是會與內部的個人南轅北轍。

圖9-1 福特平托汽車（修復車）

攝影©Morven（2004年，加州）

企業想瞞天過海，背後其實有一項環境誘因。前面介紹過的案例都有一個共通點，各位有發現嗎？

已完工的住宅建案裡有多少鋼筋，一般人根本不知道該怎麼查，只能聽信工程公司的說法，照單全收。

超市裡賣的生鮮蔬果出自何處，外行人根本不得而知。就算產地被變造，消費者也無從辨別。

紙盒裡裝的牛奶究竟安不安全？執刀醫師是否具備足夠的經驗？自己開的車到底有沒有瑕疵？一般消費者根本不可能知道答案。

而企業身為供給方，有能力正確掌握自家商品的品質好壞。爆發產品汙染問題的雪印乳業，廠長早就發現牛奶裡有金黃葡萄球菌繁殖，卻為了避免因報廢牛奶所產生的財務損失，而將含有毒素的乳製品送進通路。

賣方握有品質資訊，買方則對相關資訊一無所悉。這樣的狀態，經濟學稱之為「**資訊不對稱**」（information asymmetry）。當資訊不對稱時，以利潤掛帥的企業可能就會抗拒不了「瞞騙消費者」的誘惑。

重點43 **當市場上只有賣方才能取得財貨的品質資訊時，買賣雙方之間就存在「資訊不對稱」。這種時候，賣方在財貨品質上造假的誘因就會更強。**

❖檸檬市場：二手車市場的資訊不對稱

這種企業說謊造假的案件一旦曝光，就會重創整個市場。例如在「結構計算書造假事件」爆發後，日本的住宅新建案買氣急凍；集體食物中毒案過後不久，雪印乳業集團便面臨分拆的命運。

讓我們試著從理論的角度，來分析資訊不對稱會引發什麼樣的市場問題？接下來，我要說明經濟學家喬治．阿卡洛夫（George Akerlof）所提出的**檸檬市場**（The Market for Lemons）理論。

這裡所說的「檸檬」，可不是黃澄澄、酸溜溜的柑橘類水果，而是美國對瑕疵二手車的俗稱。在二手車市場上，買方和賣方之間也存在著資訊不對稱。一部外觀閃亮的二手車，說不定是金玉其外、敗絮其內的事故車。消費者或許要在買下車輛，並開了幾百公里之後，才會發現它是瑕疵二手車（也就是所謂的「檸檬」）。和檸檬車相反的，是買到賺到的優質二手車，也就是所謂的「桃子」（Peach）。

以下是我們對二手車市場模型的設定：

- 市場上有「優質業者」和「不肖業者」這兩種賣家。
- 優質業者銷售的是價值一百萬日圓的二手車。
- 不肖業者銷售的是只值十萬日圓的事故車。
- 二手車買家無法分辨自己碰上的，究竟是優質業者還是不肖業者，但知道市場上有這兩種類型的業者。

汽車開了一段時間才發現是有瑕疵的二手車。
切開檸檬才發現裡面腐壞。

圖9-2 買方無法分辨產品品質的案例

在這個市場上，最後成立的二手車售價是多少？
會在市場上流通的，是好車還是事故車？

重點44 存在資訊不對稱的二手車市，就是所謂的「檸檬市場」。在檸檬市場上，買方無法分辨二手車的品質優劣。

解碼買家與賣家的心理戰

要破解這個問題，首先我們要試著設身處地的體會二手車買方的心情：假設您現在口袋裡帶著一百萬日圓的預算，來到了二手車賣場。二手車商搓著手從車子後方現身，開始說明自己的商品有多好，還說這麼棒的二手車，只要一百萬日圓就可以開回家。各位，您會花一百萬日圓買他的車嗎？

想必各位心中會這樣盤算：「如果這輛真的是好車，我就算花一百萬日圓買，也不吃虧。萬一這是事故車，那該怎麼辦？一想到有這種可能，就很難掏出一百萬日圓啊……」

於是各位便開始殺價。一想到可能會被不肖業者矇騙，我們就很難乖乖拿出一百萬，所以決定告訴對方，如果打對折——五十萬日圓的話，可以考慮看看。

接著，我們要改從財貨賣方的立場來看市場。請各位設身處地，想一想優質業者該不該接受五十萬日圓的殺價：

「我都已經這麼努力說明了，客戶竟然還不明白我的商品價值何在，不識貨還真悲哀。這輛車可以賣到一百萬日圓，我何必用五十萬賣給這種人啊？」

優質業者恐怕會立刻收起笑容，用冷漠的口氣送客，然後祈禱下一組上門的客人能識貨一點吧。

接著，我們再來試著當個不肖業者吧！請各位盡可能擺出一臉沒有良心的表情，搓手的動作也要搓得更激動一點：

「這個笨蛋，這樣就上鉤了！用五十萬買到頂多只值十萬的廢鐵，真是恭喜喔！」心裡這麼想的不肖業者，內心雀躍地接受了您的殺價，喜孜孜地準備用五十萬日圓交車。

這場心理戰還沒結束。請各位再回到買方的立場。

「這位業者看起來太可疑了吧？竟然肯用半價，五十萬日圓賣車給我，這該不會是事故車吧？如果它真的是價值一百萬日圓的優質二手車，對方應該不會接受我殺價到五十萬吧？」

因此，您連忙叫住車商重新談判，說付不起五十萬，要他再算便宜一點。不肖業者臉色一沉，但心想只要有人願意買這輛只值十萬日圓的事故車就好，便接受談判。

照這樣談下去，最後這輛二手車的價格，就會落在「十萬日圓」。對買方而言，至少是花十萬日圓買到價值十萬日圓的財貨，尚可接受；而不肖業者只要能把賣不掉

圖9-3 檸檬市場中的不肖業者

的事故車變現，應該也願意接受。高於十萬日圓，則買方無法接受；低於十萬日圓，不肖業者恐怕就要搖頭了。所以唯一有機會讓這場談判成立的價格，就是十萬日圓。

由於行情實在太低，所以優質業者會退出市場，而會在市場上銷售的，就只剩下事故車了。

看在愛車人眼中，這簡直是如惡夢般的光景。

重點45 在檸檬市場的均衡狀態下，二手車的市場價格，會等於事故車的價值，優質業者會退出市場，只剩下事故車在市面上流通。

逆選擇：不肖廠商才能存活下來

各位是否已經明白，資訊不對稱會對市場帶來什麼毀滅性的影響？

簡而言之，消費者發現產品品質可能造假，便開始擔心自己受騙，不願再以既往的價格購買財貨。於是財貨價格開始走跌，導致優質業者退出市場，只剩品質低劣的檸檬車在市場上流通，鼓起勇氣購買財貨的消費者必定會失望。消費者對商品的信任度更低，使得商品價格一再探底……最後就算整個市場消失，也不足為奇。結構計算書造假事件過後的住宅建案市場，就瀰漫著這樣的氣氛——因此，對各行各業而言，「鞏固顧客的信任」是攸關存亡的問題。

「資訊不對稱」歸結到最後，竟淪為「市場上只剩品質低劣的財貨在流通」的現象，實在是很耐人尋味。

誠如各位在第八章所見，所謂的市場，是廠商彼此衝撞對決、不講情面的戰場。要擁有技術實力，能用比競爭對手更低的成本生產財貨；或具有足夠品牌力，能吸引顧客青睞的廠商，才能在市場上存活。只要稍微落於人後，就會被強制驅逐出場——市場就是這麼弱肉強食的世界。據說有一派說法認為，在生物學領域提出演化論的達爾文（Charles Darwin），其實是從市場競爭的機制當中得到靈感，才確立了「適者生存」的法則。

然而，檸檬市場的狀況卻完全相反。

優質業者銷售品質精良的財貨，卻被趕出市場；反之，那些銷售瑕疵品的不肖業者，卻都得以苟活——像這種本來該被淘汰的廠商，卻存活下來的現象，我們稱之為

逆選擇（adverse selection）。而資訊的不對稱，就會引發逆選擇。

重點46 **在市場競爭之下，優良廠商遭到淘汰、次等廠商得以存活的現象，即所謂的逆選擇。檸檬市場的均衡，就是一種逆選擇。**

保險市場的逆選擇

在逆選擇的案例當中，另外一個和檸檬市場同樣知名的例子，就是保險市場。以健康保險為例，只要我們先付保費，生病或受傷時就能領到金額相當於保費好幾倍的保險金。也就是說，會有強烈投保意願的，可能不是健康強壯的民眾，而是身體虛弱、隨時會生病的人。

然而，保險公司無法完全掌握民眾的健康狀況。換言之，在保險市場上，購買服務的消費者握有詳盡的健康資訊，但銷售這項服務的保險公司，則缺乏足夠資訊，彼此間存在著資訊不對稱。

此時，保險市場會在什麼樣的狀態下達成平衡？

如前所述，那些想投保健康保險的人，是很有可能生病的族群。當這類保戶的占比提高，保險公司就得一次又一次地支付保險理賠。

保險理賠一旦增加，保險公司就只能選擇調高保費，否則保險公司會破產。

保險費一調漲，那些身體健康、生病風險本來就比較低的族群，恐怕會選擇解約。於是容易生病者在所有保戶當中的占比，就會隨之提升。

一旦落入這樣的惡性循環，就停不下來了。保費年年漲，身強體健的保戶紛紛解約，最後只剩下健康亮紅燈的保戶了。保險公司最想招攬的保戶，應該是健康的民眾，結果最後擁有保單的，卻大部分是不健康的人，形成逆選擇。

重點47 保險市場上的逆選擇，是指健康民眾不買保險，投保者都是不健康族群的情況。

資訊透明：如何強迫企業誠實？

重新整理市場發生逆選擇的原因，我們就能知道最根本的問題，是資訊不對稱。

在保險市場上，如果保險公司能了解保戶的健康狀態，就可針對保戶所屬的類型，提出不同的保單內容——例如對健康保戶祭出保費優惠方案，以留住健康保戶。

以檸檬市場為例，如果買方能分辨出二手車的品質優劣，他們就會願意付一百萬日圓，買價值一百萬日圓的汽車。如此一來，優質業者就不會退出市場。

如果檸檬市場中的賣方和買方一樣，都不清楚財貨品質優劣，就不會發生逆選擇。

這時縱然買方報價五十萬日圓，賣方也可能

圖9-4 保險市場上的逆選擇

會放手一搏。簡而言之，這種交易就像是一場豪賭，只要雙方談妥，交易就有機會成立。檸檬市場上之所以會發生逆選擇，是因為買方不清楚財貨品質、擔心受騙。如果賣方也不了解財貨的好壞，就不可能有受騙上當的問題。

由此可知，只要能排除「買家或賣家只有一方了解財貨品質，可單方面敲對方竹槓」的狀況，市場就不會發生逆選擇。

只要像這樣把狀況整理清楚，我們就能想出解決逆選擇問題的方法——也就是必須解決買方與賣方之間的資訊不對稱問題。

以檸檬市場為例，只要找可信任的第三方來查驗二手車的品質即可。如此一來，買方就不必自行辨識財貨的品質優劣了。或

圖9-5 破解逆選擇的兩種方法

者，也可以由賣方提供保證，如於購車後發現車輛為事故車，賣方即全額退費。這個做法，可於事後解決資訊不對稱的問題。

至於在保險市場，解決資訊不對稱的方法是在簽訂保險契約前，強制要求被保險人接受詳細的健康檢查。然而，健康保險還有一些不同於二手車交易的疑慮……

道德危險：為了拿到理賠，故意發生事故

假設現在有一個身心健康的人，投保了一種很划算的健康保險，只要繳付低廉的保費，就能在傷病時領到高額理賠。這麼一來，他在投保後，或許就不會再像以往那麼注重養生——因為萬一不幸生了病，也會有豐厚的保險理賠。

車險市場也會出現同樣的狀況。據說未投保車險的駕駛人，往往會比已投保的人更小心駕駛。也就是說，車主在投保後會鬆懈，開車變得橫衝直撞。

像這種在投保前後行為出現變化的現象，經濟學稱之為**道德危險**（Moral Hazard）。

實務上，保險公司為防範道德危險的問題，的確花了很多心思。比方說有些健康

保險會提供現金回饋，給在一定期間內沒生病的保戶；或是針對長期未肇事、違規紀錄的車主，提供保費優惠等機制。

重點48 **保戶在簽約後行爲出現變化的現象，就是所謂的道德危險。**

勞動市場上的逆選擇

要克服資訊不對稱的問題，其實還有一種更細膩的做法，那就是**傳遞訊號**（signaling）。我以社會新鮮人求職為例來說明。

社會新鮮人的求職活動，會形成一個「年輕人出售勞動力，企業出面購買」的市場。可是，企業往往無法分辨端坐在面前的年輕人，能力究竟如何。就這一層涵義而言，這個市場上的確存在著資訊不對稱。如果任由資訊不對稱繼續發展下去，會出現什麼情況呢？

人資部門面對能力不明的求職者，不敢開出太高的起薪——因為萬一用高薪聘請了缺乏實力的新鮮人，公司可就虧大了。所以企業開給新鮮人的起薪會稍微偏低。

然而，其實這位年輕人很有能力。她恐怕會覺得「薪水這麼低，工作根本沒有意義」，進而回絕錄取邀約，改到願意付更多薪水的外商顧問公司任職吧。

反之，如果是個缺乏實力的求職者，則會覺得即使薪水低一點，能找到工作就很感恩，進而滿心歡喜地接受這份工作。

於是，大批缺乏實力的求職者湧入開出低薪的企業，優秀的年輕人都不上門。結果導致企業再次調降起薪，而前來應徵的，依舊是那些缺乏實力的求職者。

我無法確定新鮮人的工作能力，所以開出的薪水偏低。
反正我沒什麼能力，有份餬口的薪水就好。
社會新鮮人
企業因此招聘到一批缺乏實力的人才……
企業人資

圖9-6 勞動市場上的逆選擇

重點49 無法辨別求職者能力好壞的企業，會招來越來越多缺乏實力的求職者，形成逆選擇。

文憑訊號理論：學歷代表什麼意義？

對優秀的年輕人而言，這種情況實在很讓人掃興。於是他們會設法對企業釋放出各種「我很優秀」的訊號（signal），比方說「大學畢業」的學歷。

優秀的年輕人縱然已屆可以工作的年紀，但不會立刻投入求職的行列。他們反而還繳付高額的學費，投入寶貴的四年時間，進入「大學」這個環境，致力於「求學」這項無生產力的活動——請各位留意：在大學四年期間，這些優秀的年輕人不僅要付出數百萬日圓的學費，還放棄了「不讀大學，去工作」應得的四年薪資。

為什麼這些優秀的年輕人要做這些無生產力的事？因為他們知道自己會是優秀的勞工，知道只要企業一僱用他們，就會明白他們有多麼出類拔萃，進而為他們加薪。

這些年輕人因為知道自己很優秀，確信自己在不遠的將來能躋身高收入族群，所以刻意揮霍光陰，去接受為期四年的大學教育。這有點像是在賭撲克牌時，賭客會藉由提高籌碼，來彰顯自己的堅強實力。

反之，那些缺乏實力的年輕人呢？他們會認為即使繳了昂貴的學費，揮霍了四年的光陰，只要一開始工作，草包水準就會露餡。他們能力不足，進企業後無法出人頭地，薪水也不會成長，更無法賺回那些為了受大學教育所投入的學費。與其如此，還不如別走「讀大學」這條遠路，直接投入職場，多賺四年薪水，在財富上更划得來。

綜上所述，優秀的年輕人透過「刻意揮霍財富」，來彰顯自己出類拔萃。大學的畢業證書，正是他們用來向企業展示「我很優秀」的一種訊號——這就是所謂的**文憑訊號理論**（即說明大學教育為何需要存在的論述）。

重點50 **有時，市場中的個人可以透過傳送合適訊號，來解決資訊不對稱的問題。**

學費越貴，文憑才越有意義？

若依文憑訊號理論的論述，我們會得出一項極其諷刺的命題：「大學教育的意義，在於學費很貴。」因為學費夠貴，大學教育才能作為「訊號」，在求職的時候派上用場。單純以理論而言，這個訊號不見得要是「大學教育」，也可以是一只昂貴的陶甕。大學教育會被選來當作一種訊號，是因為背後特殊的文化歷史脈絡。

雖然歐洲有些大學免學費，但是「放棄四年薪水去讀大學」這一點，仍是看不見的隱形成本（經濟學稱之為**機會成本**）。假如某國出現「大學免學費，且每位大學生都能向國家領薪水」的制度，使得每位國民都能上大學，那麼大學文憑所具備的「訊號」效果，就會變得非常薄弱。

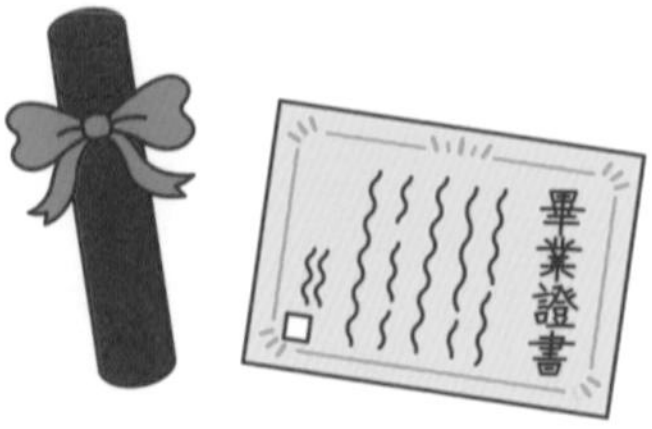

中場休息

為什麼教授不販賣學分？

可以花一萬日圓買到「A^+」嗎？

事情發生在一個梅雨將至的週五午後。

有一位學生來到我的研究室提問：

「田中老師，有一件事想拜託您，與個體經濟學課程有關。」

「請進！什麼事情呢？」

「是這樣的……我願意付錢，可以請您在個體經濟學這門課給我『A^+』的成績嗎？」

「抱歉……你可以再說一次嗎？」

「我最多能付一萬日圓，希望您在個體經濟學這門課給我最好的『A+』成績。」

「嗯……我還以為我聽錯了，沒想到你是真的這樣說。同學，別看我這樣，有時候也是會生氣的喔！」

「不，我認為老師沒有理由生氣，因為您在個體經濟學的課程中說過，『稀少性資源的分配問題，應透過市場機制來解決』。」

「我的確說過，但這句話跟買成績的關聯是什麼呢？」

「在全體選課的同學當中，只有前幾名能拿到『A+』吧？」

「是啊！根據學校的規定，大概只有前一〇%的同學可以拿到『A+』吧？」

「所以『A+』就具備稀少性，對吧？」

「算是吧。」

「如果老師教授的內容正確，那麼具稀少性『A+』，就應該要拿出來用金錢買賣才對吧？」

「原來如此。我的確不應該生氣……」

❖ 畫出需求曲線：統計學生的最高願付金額

「既然如此，我們就來認真想一想，如果真的開設了一個買賣成績的市場，會發生什麼事吧？」

「不……這件事就免了。您能不能乾脆地賣給我？」

「哈哈哈，你先來看看這張圖表，這是『個體經濟學A+的需求曲線』，是我用幾年前對學生做的問卷，所推算出來的資料。」（圖9.5-1）

「您怎麼能馬上就拿出這種圖表？該不會是本來就有想過要賣成績吧？」

「計量經濟學課本上有介紹用問卷來

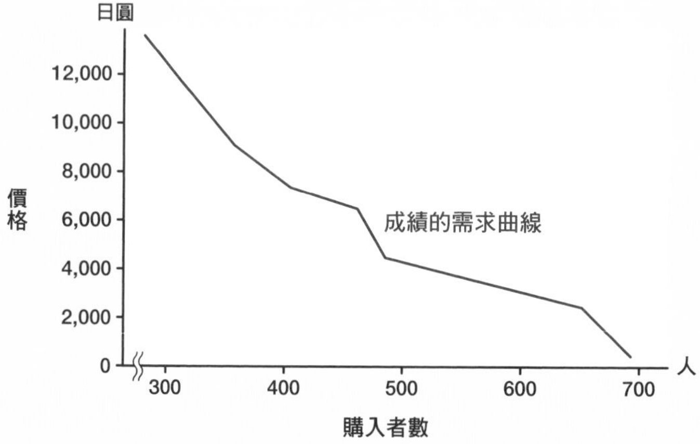

圖9.5-1 東京某私立大學某系學生對個體經濟學「A+」成績的需求曲線

推算需求曲線的方法。我讀過之後，就很想實際操作看看。根據這份推算結果，即使售價高於一萬日圓，仍有超過三百位學生願意購買『A+』的成績喔！」

「哇……大家出手都好闊綽呀！這張圖表是怎麼畫出來的？」

「如果世上真有成績的交易市場，就可以直接使用它的交易數據。不過，世上當然沒有那種市場，所以我用了**假設市場評估法**（contingent valuation method）。具體做法是用修讀個體經濟學這門課的八百位同學……」

「什麼！您這門課的修課人數有八百人？」

「這是大學部的必修課，所以每年差

如果花3,000日圓
就能買到個體經濟學的A+，
你會不會買？
會！
我當然會買！

圖9.5-2 成績的假設市場評估法

不多就是八百人。總之，我先問這八百人：『如果花？日圓就能買到個體經濟學的A^+，你會不會買？』這裡的金額『？日圓』會隨機變換。接著再計算回答『會』和『不會』的人數，會隨金額出現什麼樣的變化，就能畫出需求曲線了（圖9.5-2）。」

「唔……不是真的要買賣，而是用『假設可以買得到，你會不會買？』的方向來詢問，對吧？」

「所以才叫做『假設』市場評估法呀！我在上課（本書第三章）時，介紹過調查口罩最高願意支付金額的街訪。本質上，假設市場評估法其實就和它一樣，只不過這裡我們為了方便受訪者作答，便改以『會』或『不會』的方式來提問。」

❖販賣學分，會讓早稻田學歷貶值嗎？

「根據我推算出來的需求曲線，當『A^+』價格設定為一萬兩千日圓，且賣給三百一十位同學時，我的收入會達到極大值。

1 2 0 0 0 × 3 1 0 = 3 7 2 萬（日圓）

也就是說，三百七十二萬日圓是我銷售『A⁺』可獲得的收入極大值。」

「真寒酸的金額，遠不如我的想像……」

「對呀！我還得承擔被學校開除的風險，這個金額根本不值得冒險。因此我絕對不幹。我向學生收錢的事要是曝光，一定會被開除。」

「您的意思是說，只要不會被學校開除，您就願意賣成績了嗎？」

「事情應該沒那麼容易。如果社會上真的有大學願意讓教授賣成績，而不會開除懲處，那麼我靠這門生意賺錢的時間，恐怕也很短暫。你知道為什麼嗎？」

「呃……為什麼呀？既然每年都會有新生入學，那就每年都能收到三百七十二萬日圓呀！」

「因為系上還有其他教個體經濟學的老師啊！」

「喔！原來如此！是牛丼大戰（見本書第八章）嗎？」

「沒錯！如果我每年都能賺到這三百七十二萬，其他老師一定會紛紛跨足這個市場，開始用三千日圓之類的便宜價格，販賣個體經濟學課程的『A⁺』成績。」

「我懂了！這樣一來，學生就會跑去修價格最便宜的課，對吧？因為他們沒有理由花那麼多錢來上您的課。」

「沒錯。聽你這樣說，我有一點受傷。不過這樣一來，我勢必要跟著降價，競爭者也會跟進。最後，『A⁺』的價格就會變成免費，而且情況還會變得比免費更糟。」

「收入都歸零了，怎麼還會更糟呢？」

「還會更糟。你記得個體經濟學上是怎麼詮釋大學教育存在的原因嗎？」

「大學教育是一種訊號，個人會用它來向企業表達自己有多麼優秀。對吧？」

「沒錯。你滿用功的嘛！說不定你根本不必花錢買成績，憑實力就能拿『A⁺』。」

「我對考試真的提不起勁，況且讀書的時間可以用來打工。」

「這樣啊……好吧。反正大學文憑被畢業生用來當作展現自己優秀過人的訊號，也只不過是歷史上的偶然罷了。成本昂貴、曠日廢時的事物，其實都可以用來當作這種訊號。」

「如果不用大學教育，還可以用什麼來當作訊號？」

「我想想……證照也可以吧？或是體育、音樂專長等，說不定都行得通。只要是必須花一些錢，還要長期專心投入的事物，都能當作訊號。」

「的確。那些在學校社團很活躍的同學，就算成績不怎麼樣，也都能進入很不錯的公司服務。」

「嗯……這一點我很難表示認同。總之，我個人認為，選擇大學教育作為訊號的根據，其實相當薄弱。日本社會或許只是對於『會讀書的學生，一定能把工作打點妥當』之間的關聯性深信不疑，所以才選擇了『大學畢業』這個訊號。很多人在校成績很差，如今卻在社會上大展長才，反之亦然。所以，社會對這個關聯性的信仰是否確有其事，其實也相當令人存疑……

不過，既然整個社會都相信『會讀書的學生，工作能力一定也很傑出』，那麼大學就必須盡全力守護這個信仰。學校必須堅守『大學是學習的地方』這項態度，哪怕只是打官腔也無妨；大學也必須努力維持『探究真相的學府』這份尊嚴，哪怕只是虛有其表。否則，『文憑訊號』的寶座哪天被其他事物搶走，也都不足為奇了。」

「老師這一番話說得還真是直白。不過的確，只要『大學教育』這個訊號仍受社會各界支持，優秀的年輕人就會繼續選擇上大學，就像我們現在看到的一樣。」

「沒錯沒錯。只要大學文憑仍被視為是向勞動市場展示的一種訊號，那麼優秀的年輕人就會繼續選擇上大學，讓『大學畢業的年輕人，多半擁有傑出的工作能力』這個結論得以維繫下去——雖然實際上應該是『工作能力傑出的人，會乖乖讀完大學』才對。

大學教育存在社會上的意義，就是建立在如此模糊的基礎上。動手去破壞它，是非常危險的舉動。所以呢，我不能把『A⁺』賣給你。」

「您認為『日本大學文憑』未來可能無法作為給就業市場的訊號，這會不會太多慮了？我覺得這種論述未免太悲觀了。」

「會嗎？比方說在國外，光有『大學文憑』已不足以發揮『訊號』該有的功能，據說要研究所畢業，擁有『碩士』以上學位，否則很難找到理想的工作。日本也有越來越多優秀的高中生，看不上日本的大學，便直接前往歐美大學深造，不是嗎？日本大學現在還勉強被歸類在『高等教育』的範疇，然而，至少就大學部而言，如果只有『日本大學文憑』，它的『訊號』功能其實已漸趨薄弱——這是很實際的看法。當年根本沒人料想到會有這樣的光景，而這也僅不過是十幾年前的事而已。」

「您別大張旗鼓地賣，就只偷偷地賣給我一個人，應該沒關係吧？」

「嗯……會來找我談這種交易，你的人格就已經不值得我信任了。」

「未免太過分了吧？這麼說可是會侵害到我的人格喔！」

「我不這麼認為。要是你去告訴別人，說『我花錢向田中老師買到A⁺喔！』謠言恐怕立刻就會傳開吧？要是傳到徵才企業的長官耳裡，負責招募的人一定會變得疑神疑鬼，懷疑眼前的求職者，究竟是憑自己努力拿到『A⁺』的優良學生，還是花錢買到『A⁺』的不肖學生吧？」

「喔！那就和檸檬市場（見本書第九章）一樣了！」

「沒錯。如果因為這樣，造成了求職市場上的逆選擇現象，那麼最後順利找到工作的，說不定就只有像你這種花錢買成績的不肖學生了。」

「老師，您真是個唱反調的高手。」

「謝謝，真不好意思。」

「我這句話並不是在稱讚您。算了，太麻煩了。與其浪費時間在這裡和您說話，還不如老老實實地回去用功讀書，準備考試。」

「別這麼說，再多聊一下嘛！我來泡咖啡。」

我很想請學生多留一會兒，但這位同學匆匆走掉了。

在大學任教很辛苦，也有很多辛酸。不過，能遇到這麼有意思的學生，令人覺得這是一份既愉快又幸福的工作。就經濟現象的層面而言，大學教育的功能，或許就只有「鍍金學歷以方便求職」。不過，與人相關的所有現象，都不能只用經濟學來論斷。今後，我仍要繼續努力工作，好好珍惜大學教育在被經濟學理論秤斤論兩過後，剩餘下來那些值得尊敬的部分。

來找我問問題的這位同學，後來憑實力拿到了學分。他的成績，我認為算是相當不錯的。

第10章 用經濟學拯救絕種犀牛

犀牛盜獵悲劇

各位應該聽過犀牛吧？目前全球共有五種犀牛，兩種棲息在非洲，一種在印度，另外兩種則分布在東南亞。這五種犀牛的共通點，除了體型壯碩、頭上有角、都是草食性和夜行性之外，最重要的就是牠們全都瀕臨絕種。

犀牛會瀕臨絕種，除了因為人類過度開發，導致棲息地遭到破壞之外，另一個原因是犀牛角是珍貴的中藥材。境內有犀牛棲息的國家，無不細心保護這些嬌客。然而，由於犀牛角平均每公斤交易金額高達數百萬日圓，因此盜獵情況層出不窮。實際上，犀牛角的成分和人類的指甲差不多，就算將它磨成粉來服用，也沒有任何功效。

二十世紀中葉，非洲南部約有十萬頭黑犀牛棲息，如今卻只剩下兩千頭，驟減到五十分之一。人類為了製作毫無功效的藥粉，屠殺這麼可愛的生物，實在令人火大。不過，震怒是無法拯救犀牛的。讓我們試著運用經濟學，來想辦法拯救犀牛吧！

群眾募資救犀牛可行嗎？

實務上，不論我們打算如何拯救犀牛，首要目標一定是滿足救援計畫的資金需求。近來，許多人會利用「群眾募資」，透過網路向眾人集資募款。

舉例來說，假設有人開發出一款功能強大的圍籬，可完全阻擋盜獵者擅闖犀牛棲息地。接著，有人發起群眾募資，以實際架設這種圍籬。募到的金額越高，能用圍籬保護犀牛的範圍就越廣。那麼，這項募資究竟可以籌到多少錢呢？

群眾募資能否順利達標，必須視民眾對犀牛絕種議題的憂心程度而定。假設每募到一萬日圓，就能拯救一頭犀牛；而只要有一頭犀牛得救，社會大眾就能獲得一百日圓的權益（滿足感）。

倘若現階段的募資金額達到一百萬日圓，這表示有一百頭犀牛得以獲救。因此，聽到這則新聞的社會大眾，可獲得相當於一萬日圓的權益（滿足感）：

100頭×100日圓＝10000（日圓）

而這些因犀牛得救而感到欣慰的民眾，也會考慮參加群眾募資嗎？

假設又有一人參與募資，贊助了一萬日圓，再多救一頭犀牛。這時，社會大眾所獲得的權益（滿足感），會從剛才的一萬日圓，增加到一萬零一百日圓：

101頭×100日圓＝10100（日圓）

也就是說，贊助一萬日圓，對權益（滿足感）成長的貢獻是：

10100日圓－10000日圓＝100（日圓）

這個人說不定會打消贊助的念頭，因為他發現相對於社會大眾已獲得的一萬日圓權益（滿足感），他多贊助一萬日圓，竟然只能多獲得一百日圓的權益（滿足感）。這樣的狀況，可以套用在社會上的每一個人身上。

當贊助金額已經達到一定數量時，大部分人就不會想再掏錢響應；因為籌募到的贊助已能讓一定數量的犀牛獲救，所以我們光是看到這則新聞，就會覺得心滿意足。

搭便車者：從他人的捐款中獲得滿足感

在經濟學上，我們把這種現象稱為**搭便車**（free ride），指大部分的人明明沒參與群眾募資，卻能從他人的贊助成果中獲得滿足感；而搭便車的人則稱為**搭便車者**（free rider）。

這種享受他人支出，進而從中獲益的「搭便車者」，常常出現在慈善事業中，例如當我們看到電視的慈善節目中，弱勢者在大眾的溫暖善意支持下克服難關時，心中便充滿「人間處處有溫情」的溫馨感受，但我們明明什麼都沒做。這就是一種搭便車。

回歸正題，這種「搭便車」效應，會讓救助犀牛的群眾募資計畫無法籌措到充裕的資

圖10-1 群眾募資與搭便車者

金。當然，這個結論與數學模型設定有關。假設社會中有一群超級犀牛迷，救一頭犀牛就能讓他感受到一億日圓的權益，那麼他們應該會願意掏出幾十萬日圓來贊助。對這類人來說，專案已募集到多少贊助，想必完全不影響他們的決策。

然而，這個族群應該會在募資專案一上線，就立刻掏錢贊助吧！或者，他們甚至就是發起募資專案的當事人，通常在好不容易募得些許贊助時，這些人的存款帳戶早已見底了。

私有財與公共財

「搭便車」這種現象，不只會在慈善事業中出現，在「公共財」這類財貨上，也是很普遍的問題。

一般的財貨與服務，都具有**敵對性**（rivalness）和**排他性**（excludability）。所謂的「敵對性」，是指某人從某項財貨獲得的好處，只能由該當事人享用。比方說A正在吃漢堡，這個漢堡的美味，只能由A一人獨享。偶然從A身邊走過的B，沒辦法感受到漢堡的滋味。

「排他性」則是指「不讓未付費者享受財貨」的特質。例如，各位所擁有的財貨，都是付費取得的；不乖乖付錢，我們就不能把商品帶出商店外——這就是排他性。

一般的財貨與服務，絕大多數都具備這兩種特質，經濟學稱之為**私有財**（private good）。

另一方面，所謂的**公共財**（Public goods）則不具敵對性，也沒有排他性。以空氣為例，A呼吸時，B並不會因此而無法呼吸，因此空氣不具敵對性。如果某家廠商把空氣作為商品來發展獨占生意，要求民眾必須付使用費才能呼吸，想必民眾不會把這間公司當一回事，還是會逕自大口呼吸。因此，空氣也不具備排他性。

陽光、初夏時節的和煦微風，掛在藍天上的彩虹，火紅的晚霞等，這些東西都不具有敵對性和排他性，都是所謂的公共財。

保護犀牛的募資活動，也是一種公共財。更精確地說，人人都能從「有人募資出錢拯救犀牛」這則新聞中感到欣慰，哪怕自己一毛錢都沒有贊助，這就是一種公共財。或許那些發起群眾募資的人士，會譴責「你們這些沒參與募資的人，沒資格享受成果」，但我們還是可以置之不理，繼續沉浸在這份喜悅之中。

重點51 **兼具敵對性和排他性的財貨，我們稱之為「私有財」；不具備這兩種特性的財貨，則稱為「公共財」。**

政府登場：只能由政府提供的財貨

缺乏敵對性和排他性，使得公共財「很難成為事業標的」。當一項物品不具敵對性時，只要將一單位的公共財供給到市場上，所有消費者就都能享用。以掌上型遊戲機為例，如果市場上有五百萬位消

圖10-2 公共財的三種案例

費者，業者可以銷售五百萬台遊戲機；但換作是公共財，只要供給一個單位的量，市場就會飽和。

而公共財不具排他性的特質，會讓業者即使供給財貨，也收不到帳款。因此，對於必須獲利才能生存的民營企業而言，根本不可能跨足供給公共財。

不論是清新乾淨的空氣，或是美麗的夕陽，都有很多人想要。然而，它們不可能直接當作一門生意來經營——畢竟要是跑到那些望著夕陽嘆息的人面前揮手，大喊「想看夕陽就付錢」的話，只會被人視而不見，運氣不好的話，甚至還有可能挨揍。所以，如果想用公共財來賺取利潤，就必須花費更多心思。

例如，在一個略高的小山丘上蓋一棟雅致脫俗的飯店，安排套裝行程讓旅客在景色特別優美的房間，邊欣賞夕陽邊享用美味的法國大餐。這樣一來，業者就替「夕陽」這個公共財增添了敵對性和排他性。只要像這樣，巧妙地把自然環境化為觀光資源，就能把公共財變成私有財，接著就能把一切問題都交給市場機制解決。

重點52 企業無法將不具敵對性和排他性的公共財，直接供給到市場上。

至於那些再怎麼挖空心思，都無法轉變成私有財的公共財（例如：治安），就只能仰賴政府供應了。

為了讓犯罪率下降，政府會在各地設立大型警察局。然而，警察局所提供的「維持良好治安」這項服務，既不具敵對性，也沒有排他性。就算轄區內有一位C住戶欠稅未繳，警察也不能放任他家附近的治安惡化。既然民間企業無法供給「良好治安」這項公共財，政府便只能向民眾課稅，用這筆錢來維持警察局的營運。你我都很難逃過政府收稅的天羅地網，這就杜絕了「搭便車者」的出現。

很多人常常有以下的誤解——由政府經營並提供的公共服務，稱為公共財；然而，實際上的邏輯順序正好完全相反——有些服務因為具備公共財的特質，所以只能由政府供給。舉凡消防、國防、水利等，許多公共服務或公共事業，都是公共財。

重點53　民營企業無法供給的公共財，必須交由具課稅權力的政府供給。

大學課程是公共財嗎？

當我在課堂中說明完以上段落時，坐在教室前排的同學問我：

「那大學的課程是公共財嗎？」

這個問題實在是一針見血！

首先，大學的課程並不具敵對性。因為一間教室可以同時容納幾百位同學來上課，老師還可以錄影，讓不在教室的人能觀賞課程影片。只要老師願意，甚至能把課程同時提供給幾千位同學，所以大學課程並不具備強烈的敵對性。

再者，大學的課程也沒有太鮮明的排他性。尤其是那些開在大教室的課程，老師根本不會逐一核對是否每位同學都真的是該校學生。我在學生時期，也曾跑到朋友就讀的大學去玩，還擅自混進教室裡聽課。人數少的課程，混進去恐怕馬上就會被揪出來，然後被校警攆出去；但人數多的課程，絕大多數都能溜進去免費聽講。

況且，近來國內外各大學都開始提供免費的公開課程影片。一般人只要登入免費的影音網站，搜尋大學的名稱，就能找到很多課程影片。這些都是不折不扣的公共財。

既然如此，那就出現一個謎團了：如果大學課程是公共財，大學就無法從中獲利，那麼大學究竟是靠什麼賺錢？

其實這個謎團的答案，我已於本書第九章說明——大學會販售文憑。儘管大學課程屬於公共財，但文憑卻是只有付了學費的人才能拿到的私有財。大學透過銷售「大學畢業」的學歷來獲利，而大學提供的這些課程，堪稱是一種客戶服務，是會員獨享的特權。

綜上所述，大學的課程是一種公共財。學校從一開始，就沒有打算利用這些課程來賺錢。

圖10-3 早稻田大學一景。該校的學歷是私有財，開設的課程則是公共財，大家都能享用

如何用市場機制，解決犀牛保育問題？

讓我們再回到本章最一開始的問題：如何拯救瀕臨絕種的犀牛？

如果前述拯救犀牛的群眾募資計畫順利達標，當然是美事一樁；萬一籌措不到足夠的贊助，那該怎麼辦？我們能設法利用市場機制解決犀牛保育的問題嗎？

例如，販賣感謝狀和紀念品給贊助者，這個方法如何？感謝狀和紀念品是私有財，具備「犀牛得救」這份滿足感所沒有的排他性和敵對性。但是，我實在很難想像大家會搶著要買紀念品。坦白說，大部分人不會想要買，甚至還會覺得這些東西很礙事吧……

不過，積極推動犀牛保育的納米比亞（Namibia）政府，竟然想到了一份令人詫異的「非典型紀念品」──納米比亞政府賣起了合法狩獵犀牛的權利！

繁殖能力變差的老年公犀牛，據說有一種特性，會去打擾同一族群的母犀牛與其他年輕公犀牛交配。把這些嫉妒心很強的犀牛從群體中排除，犀牛群的繁殖能力就會急遽上升，犀牛的數量便可恢復。於是，納米比亞政府便開放狩獵這種年老公的犀牛，還拍賣狩獵權。至於拍賣所得，當然全數用於犀牛保育。

從經濟學的角度來看，這是非常出色的妙點子。據說實際進行拍賣後，一頭犀牛的狩獵權竟以四千萬日圓的天價成交，而整個拍賣的最終收入，比先前透過募資贊助籌措到的金額，多出了十倍以上。

這是一個非常高明的解決方案，此舉能讓犀牛和人類都獲得幸福，只有成為狩獵目標的老年公犀牛因此犧牲生命。

然而，拍賣狩獵權引發了各界相當嚴厲的撻伐，負責拍賣的機構甚至收到多起激進的威脅警告……有些人似乎完全不容許用市場機制來處理問題！

我認為，與其任由不法分子繼續輕

圖10-4 納米比亞的黑犀牛

攝影©Axel Tschentscher

鬆盜獵那群仰賴微薄善款、刻苦守護下來的黑犀牛，還不如實施狩獵權拍賣，才是更有實際效益、更聰明的做法！

市場失靈：當計畫經濟優於市場經濟

前一章探討過資訊不對稱所引發的「逆選擇」，本章則說明了「公共財」的問題，這兩者在經濟學上被通稱為**市場失靈（Market failure）**。

本書再三強調，要解決財貨分配的問題，交由市場決定是最好的解決辦法。因為這時的社會剩餘會達到極大化——定價交給市場決定，消費者在該價格之下，自行決定購買多少數量，廠商則負責生產該項財貨。

當廠商獨占市場，握有強大的定價能力，只想要獲利而開始不合理的提高價格時，市場就無法充分發揮該有的機能。這時必須讓更多廠商進入市場，將市場導回廠商彼此競爭的狀態。一旦廠商之間展開激烈的競爭，價格就會重新回到合理水準，市場機能也會恢復正常。

不過，即使處於競爭狀態，我們仍無法保證市場能百分之百正常運作。所謂的「市場失靈」，其實就是這個概念的反例。

以檸檬市場為例，二手車市場上即使有多家廠商參與其中，彼此競爭，然而由於資訊不對稱引發了逆選擇，以致於最後只剩下品質粗糙的財貨在市場上流通。

我們也可以保險市場為例，當出現資訊不對稱時，注重養生的人就不願投保，反而是生活懶散邋遢的文明病高風險群獲得保險的保障。

那麼，社會新鮮人的就業市場又該怎麼解讀呢？如果人資有識人之明，看得出求職者的能力好壞，年輕朋友就不必再把寶貴時間和高額學費浪費在大學教育上了。

在上述這幾個案例當中，因為都存在著資訊不對稱，所以市場無法得到最圓滿的結果。與其任由民間悠哉地買賣財貨，不如交給有為的政府處理，更能得到理想的結果。握有強大權力和完整資訊的政府承辦人員，可以正確分辨好車和事故車，訂定出反映品質的合理價格；可以強制保戶接受嚴謹的健康檢查；也可以要求受完義務教育的年輕人通過嚴苛的考驗，以呈現他們能力優劣。如此一來，出類拔萃者就能獲得合理的評價，而不屬於這個族群的，也能獲得相應的待遇，「逆選擇」問題便迎刃而解。

不過，這樣的政府必須具備卓越的能力和崇高的倫理精神，才能得到完美的結果。

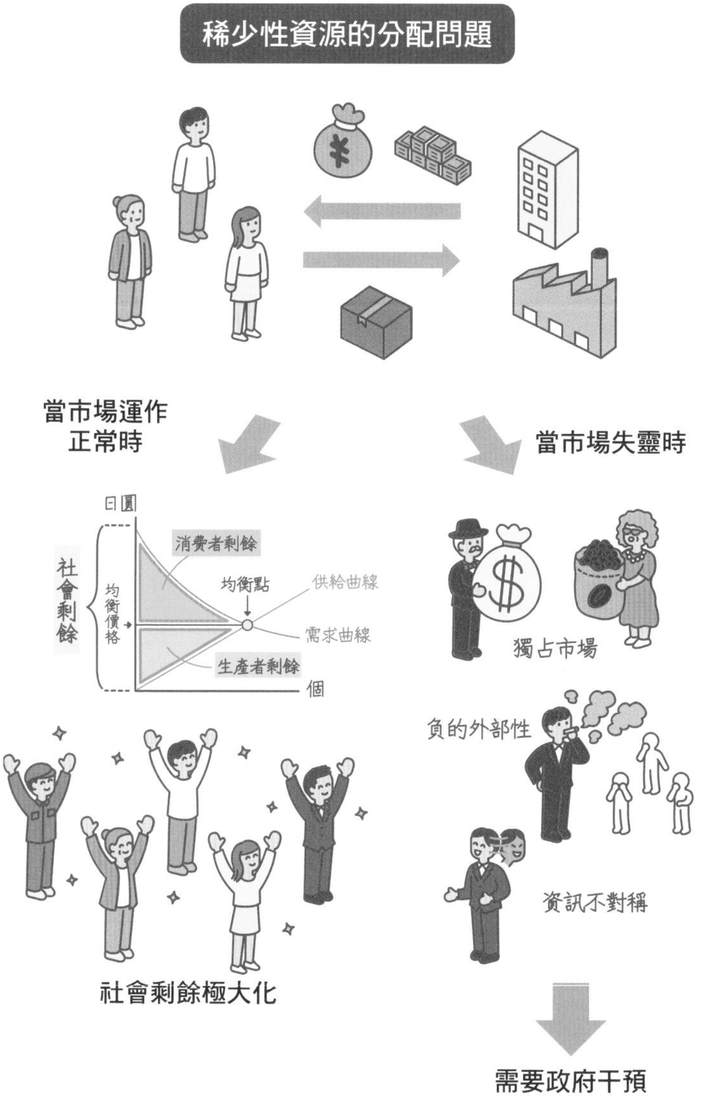

圖10-5 市場的角色與極限

而在公共財方面，如果將市場交由民間企業運作，恐怕整個市場都會消失。要對付那些不付錢又想消費財貨的搭便車者，我們還是需要一個握有強大公權力的政府才行——因為有了政府的強制力，才能供給公共財。

綜上所述，當資訊不對稱時，或財貨為公共財時，交由政府管理會比由民間主導市場來得更好。在這種情況下，西方陣營的市場經濟，會敗給東方陣營的計畫經濟。而這樣的情況，我們稱之為市場失靈。

重點54 **出現資訊不對稱與公共財的問題時，有時不交給市場，而是交由政府處理，才能順利解決。**

邁向總體經濟學

綜上所述，個體經濟學基本上相當信任市場機能，但仍無法忽視政府的角色，所以經濟學家絕不認為凡事都交由市場定奪即可。

只不過，在個體經濟學中，政府的角色受到很大的局限。**個體經濟學認為，除非發生市場失靈，或貧窮階級無法取得財貨等社會問題，否則政府對市場的干預，應該控制在最低限度。**

此外，我們也要特別留意，個體經濟學的分析，都是在市場均衡的狀態下進行。假使勞動市場上因為戰爭、天災等外部衝擊，而出現了大量的失業者，依照個體經濟學的處方，這時政府並不需要採取任何措施。因為既然有人失業，薪資就會下滑，到頭來經濟會達到新的均衡狀態，所有勞工都會找到工作——所以只要放任它自由發展，失業問題終將獲得解決。

然而，沒人知道要花多少時間才能達到這個新的均衡狀態。政府與其袖手旁觀，悠哉地等待好幾年，不如積極推動公共工程，暫時僱用那些失業勞工，對失業者應該會更有幫助。

像這種**主張由政府積極干預，研擬因應各種經濟問題的急救措施，是總體經濟學的範疇。**

相對於在知識體系上較有統整性的個體經濟學，總體經濟學迄今仍存有五花八門的各種思維，有時甚至還會掀起激烈的辯論。因此，要為總體經濟學下一個定義，說

「這就是總體經濟學」，其實難度相當高，至少已經超出了我的能力範圍。不過，相較於個體經濟學，總體經濟學更重視政府所扮演的角色，這一點絕對錯不了。

期盼各位讀者讀完本書，熟悉個體經濟學的觀念之後，務必再學習總體經濟學！

給想要進一步鑽研經濟學的人

本書僅是為了讓讀者領略經濟學的樂趣而撰寫。所以，如果各位想更準確、全面地了解個體經濟學，還是需要研讀更認真嚴謹的教科書。此外，讀到這裡，我想各位應該都已經明白，作者我本人的個性獨特，對事物有著許多與常人不同的看法。如果你認為本書內容稍嫌偏頗，我建議各位不妨再翻閱以下這些書籍。

首先是**《個體經濟學 入門的入門：看圖就懂！10堂課了解最基本的經濟觀念》**（クロ経済学入門の入門，坂井豐貴著，繁體中文版由經濟新潮社出版）和本書一樣輕鬆易讀，不過它的說明更嚴謹，是專為毫無經濟學背景知識的讀者所寫，內容也比本書更深入。高中生也很適合閱讀。

而我的課程內容，則是參考了美國教科書**《經濟學》**（*Economics*, Daron Acemoglu, David Laibson, John List）。這本書獲美國多所大學選用，頗受好評。美國教科書的常態，就是書籍既厚重又龐大。不過，我認為這本書的文字很易讀，說明也很清楚明快，各位

應該能讀得很開心。書中的具體案例相當豐富，還列舉出了很多實際案例。即使只揀選其中部分內容來讀，也能讀得很開心。每章最後的習題多半也令讀者感到開心有趣。我真好奇他們是怎麼想到那些題目的。

如果你想找一本能對應本書內容，又能學到更多圖表和數學的教科書，不妨參閱我與其他作者合著的**《經濟學入門》**（経済学入門〔三版〕，金子昭彥、若田部昌澄、田中久稔著，書名暫譯）。書中不只介紹個體經濟學，也涵蓋了總體經濟學的內容。

如果你想更認真下功夫學習個體經濟學，就一定得用到數學。在本書當中，我把廠商的生產技術用「長方形」這項概念帶過，但在實務上，廠商的生產技術其實更靈活、更複雜，經濟學家會用函數的概念，將生產技術歸納成固定的表達形式。例如，一家用水、電、鋼鐵和勞動力來生產汽車的公司，它的生產技術就會用以下函數來表示：

汽車數量＝*f*（水、電、鋼鐵、勞動力……）

實際上，上述的水、電等元素會用數學符號來表示，例如 $y=f(x^1, x^2, \ldots\ldots,$

x^n）。不過這兩種表達方式的內容都一樣。而要分析這些函數所表示的廠商或消費者行為，會需要用到**微分計算**。對於在高中時期看到微積分出現後，就選擇放棄數學的讀者而言，要跨越這道高牆，還真的是很不容易。

針對這樣的讀者，我建議從高中數學重新學起。如果高中課本已不知去向，請用**《經濟學裡會出現的數學 從高中數學開始確實打好基礎》**（「改訂版」経済学で出る数学 高校数学からきちんと攻める，尾山大輔、安田洋祐著，書名暫譯），或**《經濟學入門 從第一步開始逐步向前》**（経済数学入門 初歩から一歩ずつ，丹野忠晉著，書名暫譯），仔細地複習數學。

有些讀者會問：「有沒有不用數學，就能學好個體經濟學的方法？」

我要告訴您很令人遺憾的消息：答案是沒有，請您趁早死了這條心，一起來學數學吧！若想快速了解經濟學當中會出現哪些數學概念，請容我再推薦一本拙作——**《經濟數學入門的入門》**（経済数学入門の入門，田中久稔著，書名暫譯）。這樣老王賣瓜實在是很不妥，但這本書真的非常有趣。

當各位已超越入門讀者的等級，想再繼續深入學習個體經濟學時，還會分成兩條研究道路——一條是鑽研「賽局理論」（Game Theory）和「資訊經濟學」（Information Economics）等知識，朝更高深的理論研究路線前進；第二條則是往實證研究的方向發展，例如結合統計學概念的「個體計量經濟學」（Micro Econometrics）等。兩者都是目前各界積極投入研究、發展日新月異的領域，市面上的教科書也很多，從入門級到進階級都有。不過，這些內容和本書的程度稍微有點距離，因此我在這裡就不多做介紹。

本書即將進入尾聲。這趟專為初學者安排的個體經濟學之旅，不知道你是否盡興？其實完成本書所花的時間，遠超出了我的預期。在此由衷感謝日本ＳＢ創意公司（SB Creative）書籍編輯部田上理香子小姐，願意耐著性子協助我完成這本一拖再拖的書籍，並致上我的歉意。另外，我也要再次向我的好友K致謝。從本書的撰寫，到大學裡的各項業務等，感謝他總是給我精準明快的建議。

二〇二二年八月　田中久稔

索引 ※按照首字筆畫排列，並以首次出現或主要出現頁數為準

地球觀 81

大学の人気講義でよく分かる「ミクロ経済学」超入門

早稻田大學最有趣的經濟學聊天課

從手機、拉麵、咖啡、保險、群眾募資到拯救犀牛，聊完就懂了！

作　　者　田中久稔
譯　　者　張嘉芬

野人文化股份有限公司
社　　長　張瑩瑩
總 編 輯　蔡麗真
責任編輯　陳瑾璇
專業校對　林昌榮
行銷經理　林麗紅
行銷企畫　李映柔
封面設計　萬勝安
內頁排版　洪素貞

出　　版　野人文化股份有限公司
發行平台　遠足文化事業股份有限公司（讀書共和國出版集團）
地址：231 新北市新店區民權路 108-2 號 9 樓
電話：（02）2218-1417　傳真：（02）8667-1065
電子信箱：service@bookrep.com.tw
網址：www.bookrep.com.tw
郵撥帳號：19504465 遠足文化事業股份有限公司
客服專線：0800-221-029
法律顧問　華洋法律事務所 蘇文生律師
印　　製　凱林彩印股份有限公司
初　　版　2023 年 10 月

野人文化官方網頁　野人文化讀者回函

早稻田大學最有趣的經濟學聊天課

線上讀者回函專用 QR CODE，你的寶貴意見，將是我們進步的最大動力。

國家圖書館出版品預行編目（CIP）資料

早稻田大學最有趣的經濟學聊天課 : 從手機、拉麵、咖啡、保險、群眾募資到拯救犀牛 , 聊完就懂了 !/ 田中久稔作 ; 張嘉芬譯 . -- 初版 . -- 新北市 : 野人文化股份有限公司出版 : 遠足文化事業股份有限公司發行 , 2023.10
面 ;　公分 . -- (地球觀 ; 81)
ISBN 978-986-384-922-3(平裝)
ISBN 978-986-384-931-5(PDF)
ISBN 978-986-384-932-2(EPUB)

1.CST: 個體經濟學

551　　112013666